Actos de presencia

CÉSAR AIRA
Actos de presencia
Disertaciones (1989-2021)

Biblioteca César Aira

RANDOM HOUSE

Papel certificado por el Forest Stewardship Council®

Primera edición: abril de 2025

© 2022, César Aira
© 2025, Pengun Random House Grupo Editorial, S.A., Buenos Aires
© 2025, Penguin Random House Grupo Editorial, S.A.U.
Travessera de Gràcia, 47-49. 08021 Barcelona

Penguin Random House Grupo Editorial apoya la protección de la propiedad intelectual. La propiedad intelectual estimula la creatividad, defiende la diversidad en el ámbito de las ideas y el conocimiento, promueve la libre expresión y favorece una cultura viva. Gracias por comprar una edición autorizada de este libro y por respetar las leyes de propiedad intelectual al no reproducir ni distribuir ninguna parte de esta obra por ningún medio sin permiso. Al hacerlo está respaldando a los autores y permitiendo que PRHGE continúe publicando libros para todos los lectores. De conformidad con lo dispuesto en el artículo 67.3 del Real Decreto Ley 24/2021, de 2 de noviembre, PRHGE se reserva expresamente los derechos de reproducción y de uso de esta obra y de todos sus elementos mediante medios de lectura mecánica y otros medios adecuados a tal fin. Diríjase a CEDRO (Centro Español de Derechos Reprográficos, http://www.cedro.org) si necesita reproducir algún fragmento de esta obra.
En caso de necesidad, contacte con: seguridadproductos@penguinrandomhouse.com

Printed in Spain – Impreso en España

ISBN: 978-84-397-4451-1
Depósito legal: B-2.555-2025

Impreso en Gómez Aparicio, S. L.
Casarrubuelos (Madrid)

RH 4 4 5 1 1

He reunido en este volumen las intervenciones orales con las que respondí a amables invitaciones de congresos y universidades en diversos países. Algunas fueron transcriptas de grabaciones, otras reconstruidas de memoria a partir de notas, las más recientes todavía en mis cuadernos. Todas tienen por tema la literatura, y vuelven una y otra vez a no más de dos o tres ideas que se repiten a lo largo de estos treinta años, en términos más académicos o más conversados, siempre confiando en la benevolencia de los oyentes, y ahora de los lectores.

2023

ÍNDICE

Una educación defectuosa	11
Norah Lange	23
Mamá	45
El juego de las desapariciones	51
La escritura manuscrita	63
Sobre el realismo	85
Amalia	111
Las tres novelas	127
La juventud de Rubén Darío	147
La innovación	169
Nuestra semilla tropical	175

Una educación defectuosa[1]

Un premio tiene algo de final de partida, porque mira en una sola dirección: a lo ya hecho. Pero si la partida se jugó respetando las reglas, estas quedan vigentes después del final, de modo que el juego seguirá, no en un ilusorio futuro de revanchas sino en un plano del presente estriado por los tiempos posibles, entre los cuales tanto el pasado como el futuro son fichas disponibles para nuevas jugadas. Quizás me haga entender mejor con un recuerdo infantil. Cuando trabajaba mi ajedrez, con no sé qué ambiciones de heroísmos cerebrales, uno de los recursos del aprendizaje era reproducir partidas de los grandes maestros de la historia del juego, Capablanca, Alekhine, Tartakower, a veces partidas legendarias, *matches* por el título mundial, o, más dramáticamente, la partida que había marcado el comienzo de la decadencia o la locura del campeón. Llevándome por los comentarios creía entender, o me hacía la ilusión de haber entendido, la razón por la que hacían cada movida, pero al llegar al final sucedía algo que me desalentaba. Uno de los dos contrincantes se rendía. Se rendía, y esto era lo que me desalentaba, no por la inminencia del jaque

---

1. Discurso de recepción del Premio Formentor, Sevilla, 2021.

mate, que a mí tanto me emocionaba; se rendía porque preveía que el desarrollo inexorable de la partida, desde ese último movimiento hecho por el contrario, lo llevaría a la derrota, no en tres movidas ni en cinco, ni siquiera en diez: quizás en veinte o en treinta. Yo sentía que me estaban robando algo valioso. Lo que me gustaba era ver ese emocionante momento en que el Rey quedaba preso en un rincón, no tenía dónde dar uno de esos pasitos suyos de convaleciente, y la muerte lo cercaba. A cambio de la emoción fuerte de esa instancia me daban una fría construcción intelectual, la proyección abstracta de los posibles, que aparte de la melancólica condición de irreal, no tenía otro horizonte que la derrota. Ni siquiera mostraba la dignidad trágica del momento final, sino que ese momento se ocultaba en la maraña bifurcatoria de lo hipotético. Las mentes poderosas de estos gigantes del juego me robaban la culminación de la partida, apoderándose del tiempo, al que obligaban a mostrar sus cartas. Cosas así hicieron que terminara abandonando mis sueños de ajedrez, como se abandonan los sueños de gloria a la mañana siguiente. Pero de esos finales a los que no se llegaba nunca debió de quedarme algo, ese aroma de tiempo adelantándose al tiempo, efectos precediendo a las causas, consecuencias salteándose a sí mismas. Así se abrevió la transición a Borges, cuyos juegos con el tiempo fueron también alardes del poder de la mente sobre ese elemento, que en sus libros no parecía fluir sino articularse como una palabra hecha de innumerables letras que podían reordenarse en distintas conformaciones anagramáticas formando otras palabras, que en definitiva eran todas las palabras posibles. De estos juegos con el tiempo estuvo hecha mi educación. A ella le adjudiqué parte de la culpa por los daños que sufrí en el transcurso de mi vida. Solo una parte. Yo compartía la culpa, ya que al considerar tan importante mi educación, por una propensión intelectualista que me acompañó desde el comienzo, no quise dejarla en manos de nadie que no fuera yo mismo.

Una educación es un proceso temporal. Una buena educación pone al tiempo de su parte, para lo cual lo ordena comedidamente en paralelo a su experiencia. No fue mi caso: por una decisión que escapó a mi control, tuve una educación defectuosa. Lo supe ya mientras se realizaba, me daba cuenta de que estaba experimentando una intermitencia de desapariciones, cuando lo propio de una educación adecuada era una acumulación de apariciones. No pude evitarlo. Una megalomaníaca convicción infantil de mi superioridad mental hizo que rechazara todas las insinuaciones del sentido común, con una positiva distracción que ya empezaba a parecerse a la Literatura. Y una vez adulto, frente a desafíos que debía enfrentar con los ojos cerrados, recurrí para explicármelo a la fórmula con la que titulé todo lo que escribí: una Educación Defectuosa.

¿Cómo pudo ser? ¿Fue de verdad, o un sueño? De un modo u otro, todos los hombres completan su educación y se lanzan a practicar lo aprendido como mejor pueden. Todos la completan a la medida de sus necesidades. En todo caso, van agregando interpolaciones de experiencia al dictado de los hechos y su correspondiente percepción. En mi caso, el proceso del aprendizaje se cerró pronto, no solo por el motivo más extendido, que es el temor de caer en la trampa de una educación crónica, sino por la prisa de empezar a ejercitar mis imperfecciones como otras tantas elegancias literarias. Sí, a veces pienso que fue un sueño, que todos los libros que leí en mi infancia fueron otros tantos sueños. Más allá, un cielo de nubes oscuras caía sobre el horizonte.

Se recurre al sueño cuando no hay otra explicación. Hace muchos años que tengo un solo sueño, quiero decir sueños que son variaciones del mismo sueño, cuyo argumento puede resumirse como la necesidad de llegar a tiempo, o la imposibilidad de llegar a tiempo, ya sea a una partida en avión o en tren, a una reunión, a una cena, a un sitio donde me esperan... Las variaciones de escenarios, de personajes, de dificultades y escollos o demoras son innumerables, la necesidad de llegar a tiempo siempre está presente. También varía el tono, desde la más angustiada pesadilla a una casi indiferencia, aunque por supuesto nunca es un sueño agradable. He debido conformarme. Mi inconsciente no tiene la obligación de proveerme sueños agradables. Aparentemente sí existe la obligación de que haya sueños, para proteger la saludable operación de dormir, o por un requisito neuronal, o lo que sea. Y este recurso a un mismo asunto se revela como un modo de economizar el gasto narrativo. Sobre todo que sea este asunto, "llegar a tiempo", y no otro, porque su amplitud ceñida (que no es un oxímoron) permite insertar todos los restos diurnos y los deseos ocultos en un relato fluido. Lo que he observado es que dentro del tiempo de la demora en llegar a tiempo hay otros tiempos, globos de tiempo en los que, justamente, me demoro, globos narrativos, que hacen a mi profesión.

Al impartirme yo mismo mi educación en los primeros años de mi vida, como en los últimos he estado soñando que nunca puedo llegar a tiempo, al no aceptar maestros ni consejos, quedé en manos del Hada Atención. Las cosas podrían haber salido bien a partir de ahí.

Lo dijo Leibnitz: "Dios nos da la atención, y la atención lo puede todo". Para poder todo hay que administrar bien ese don precioso, al menos tan bien como lo hacen los demás, que reservan la atención para lo que creen importante, en un gesto práctico destinado a evitar una sobrecarga eléctrica en los circuitos cerebrales. Yo, por efecto de las lecturas de las que ya estaba intoxicado, reservé la atención para lo maravilloso. No concebía como digno de mi atención sino lo que estuviera facetado en mil caras, el diamante en cuyo corazón innumerable se reprodujeran las imágenes de mi realidad personal. Ese diamante era un objeto alegórico, pero resultó real. Ahí estuve un día, en Dresde, en la Bóveda Verde o Gabinete de Maravillas de los reyes sajones, a la salida del cual me detuve ante el maravilloso diamante verde del tamaño del corazón de un niño. Ese objeto existe en la realidad, y en la realidad exhausta de los circuitos turísticos. El color, inusitado en un diamante, se debe a que en sus eras bajo la tierra sufrió radiaciones de uranio. Tiempo después leí el diario que llevó el niño Arthur Schopenhauer, futuro filósofo, a los ocho o diez años, en cuyas páginas registra el momento cuando de paso por Dresde con sus padres visitó esta misma cámara y se detuvo ante el diamante. Anotó a continuación que al salir a la calle, después de contemplar durante horas los juguetes de oro de los reyes, el asombro que sintió al ver que los coches y la gente y las casas no eran todas de oro.

Este diario y ese viaje vienen a cuento: los padres de Schopenhauer, ricos y cultos, dedicaron dos años a recorrer Europa con su hijo para perfeccionar su educación. El niño, aplicado, llevó un diario de cada jornada del viaje, que, a lo largo de dos años, fue descansado y placentero, en buenos coches y mejores hospedajes. Conociendo el carácter de los padres, y la trayectoria posterior de la madre, podría sustentarse la sospecha de que la educación del niño fue una excusa para licenciarse de cualquier trabajo y emprender un largo viaje de placer. No podría extrañarnos, ya que casi todo lo que se hace, al menos lo que hago yo, se hace como pretexto para poder hacer otra cosa.

La coda humorística que le puso el niño Schopenhauer a su visita a la Wunderkammer de Dresde, al decirse sorprendido de que en la calle la gente y las cosas no fueran de oro, indica que no habían escapado a su visión infantil los mundos posibles procedentes de la miniatura. Esas cortes de monarcas de bolsillo en sus minuciosos dioramas, la del Gran Mogol con ministros y chambelanes liliputienses, las tropas formadas en filas intercaladas con lupas para ver los rostros fieros de soldados del tamaño de saltamontes, fortalezas inexpugnables que cabían en la palma de la mano, palacios para insectos con insomnio, eran todos habitantes de la imaginación y la memoria, invocados por el Hada Atención.

Y no era indiferente que fuera todo de oro. Los reyes sajones en la época eran los más ricos de Europa y podían permitírselo. Pero justamente por poder permitírselo, podrían haber elegido otro material. El oro, más allá de los simbolismos fáciles que promueve, de lo solar a lo excrementicio, o la prosaica reserva de valor, es moneda de cambio: puede hacer que lo pequeño se vuelva grande, y el sueño realidad. El oro permitió acercar no ya los opuestos, que siempre van juntos, sino los cuerpos y su representación. Ondulantes geometrías vanas hacen mundo para el contemplador, y uno cree comprender la historia en la que está embarcado, pero esa es apenas una cara de la atención, la atención vista desde afuera. Las miniaturas mentales emprenden un largo camino hacia el mundo, lo supe en el momento en que arreciaban los fastos enciclopédicos de mi educación, y debí saldar mis deudas atravesando páramos de sueño, cavernas con follaje de cristalería y oscuros volúmenes de noche prematura. La iconología de la atención pone la educación a distancia.

Hay un cuadro en París, *Le Déjeuner sur l'herbe*, de Manet, en el que figura un grupo en primer plano, dos hombres y una mujer, y atrás, a cierta distancia, otra mujer que se inclina sobre el agua de un estanque. A cierta distancia, pero no sería fácil determinar el grado de certeza de esa distancia. Hay una ligera pero perceptible divergencia de lo que espera la visión. Sin que nadie haya tenido que decírselo, la vista sabe que el tamaño de los objetos disminuye según se alejan. Con la mujer que se inclina sobre el agua la expectativa no se cumple, pero apenas. Un observador distraído no notaría nada fuera de lo común; y a este observador distraído parece haberse dirigido el artista, para que se lleve sin saberlo la experiencia de un presente con dos realidades simultáneas. Claro que todo soñador sabe que no hay realidades simultáneas, lamentablemente solo hay una con la terrible transparencia de lo inexorable, y la capacidad del pensamiento de hacer presente dos espacios superpuestos sobre la red del tiempo es un miserable consuelo.

Vuelvo al proceso de mi educación: el aventajado escolar visto a cierta distancia crece, saliendo de la miniatura de oro bibliotecario en la que ha estado encerrado, se habitúa a las dimensiones que estrena, y se ofrece a su propia mirada, que artísticamente busca el tamaño adecuado. La lógica del espejismo es inescapable. El agua sobre la que se inclina la mujer del cuadro refleja al escolar temeroso, las ondas que expande su rostro son las huellas de la educación recibida, y en un momento más tocan la orilla de la edad adulta.

Este juego de simultaneidades y superposiciones distorsionadas sugiere el juego de la traducción, que en mi caso no fue un juego sino el trabajo al que me llevaron las lecturas y mi propensión invencible a no hacer otra cosa que leer. La ejercí esforzadamente durante treinta años, en los que cientos de novelas pasaron por mis conductos nerviosos. Que esos libros procedieran de la zona de golpes bajos de la literatura no me preocupaba. De sus páginas emanaba un gas alucinógeno que producía células de ficción. Los escrúpulos de la doble realidad eran aplicados a una materia, la Literatura, donde sostener la atención era el único control de calidad posible. Dos idiomas se desplazaban por los rieles del interés: mantener el interés a toda costa era imperioso en esa clase de novelas, pero el amplio campo semántico de la palabra "interés" era el plano donde las distancias se hacían ambiguas. Absorbentes, esas novelas provenían del taller de las sombras, se rendían al monumental defecto previo que yo traía conmigo, mi aporte personal. Me llevaron muy lejos. Se las calificaba de "ficción comercial", aunque en realidad, si puede hablarse de realidad, ficción hay una sola, y si contiene un doble fondo es porque antes hubo una doble superficie.

Así como la simetría solo se advierte en las asimetrías, la lógica de la ficción solo se advierte en su ruptura, y esta está siempre presente. Solo en la ficción se revelan los distintos planos de la realidad. Las novelas comerciales, por ser comerciales, adaptadas a la evolución comercial de la cultura, están construidas con el mayor cuidado ya que se supone que al haberlas puesto en el plano comercial alguien pagará por ellas y tendrá derecho a reclamar. Esas precauciones tan cuidadas como las que tomó la divinidad al confeccionar el Universo estallan a la vista, hacen visibles los huecos que han evitado. Traduciéndolas incansablemente, durante el período más extenso de mi vida adulta, yo volvía a la infancia, al momento en que podría haber descubierto algo que se me escapó e hizo que mi educación quedara en un estado crónicamente defectuoso, aunque no incompleta. Volvía al pasado, pero sin abandonar el presente inescapable.

El mito de la Educación Defectuosa lo construí a partir de algunos datos que extraje de mi comportamiento, de desviaciones inexplicables en mi conducta, que solo tomaban un contorno preciso si me remontaba a alguna falla o carencia en el pasado. Como en el caso de los ajedrecistas, pero al revés, si cometía un error era porque muchos años atrás había omitido aprender una letra o un número, o el modo de hacer una operación, y ese pequeño hueco viajaba en el tiempo hasta mi presente.

A esa construcción temporal, que califico de mito personal, le doy un verosímil biográfico diciendo que por una prematura manía de grandeza quise educarme por mis propios medios. Sabía que al hacerlo así lo haría mal. Quiero decir, ponía frente a mí la Educación Adecuada, a la que hacía objeto de un enérgico gesto de rechazo, ya que me llevaría a comportarme como los demás. Suena extraño que un niño no quiera adaptarse a su medio, ser como los otros chicos, ser aceptado. Por supuesto que era lo que yo quería. Pero en el adulto que iba a transformarse ese niño alentaba cierto gesto literario y artístico peculiar, y ese adulto que sería, y que soy, es el que rechaza retrospectivamente la Educación Adecuada.

Había que hacer un sacrificio, es cierto, renunciar a las eficacias prácticas de una existencia regulada por las bondades sociales. Por suerte, la normalidad nunca me engañó. El tedio mundano me rodeó como una marea ávida, pero resistí en la conservación de un pasado de pedagogías esotéricas que me había inventado, y que pude entrever al trasluz de los cientos de novelas malas que constituyeron el trabajo de mis días. Allí había un fondo de mar, con interesantes monstruos que ondulaban en una blandura condescendiente, sonrosados en el azul, portadores de las lamparillas del Orco.

Uno de los precursores ensayos de Francis Bacon, el titulado "Of Boldness", o sea "Sobre la audacia", contiene un breve apólogo para ilustrar el hecho de que la audacia, que tan útil puede ser en unas ocasiones, en otras puede llevar a hacer predicciones imposibles de cumplir: la anécdota ejemplar dice que Mahoma se proponía dar un sermón, y como se había reunido mucha gente, necesitaba hablar desde una altura para hacerse oír. A cierta distancia había una montaña ("a hill", dice Bacon, una colina) que serviría convenientemente como estrado. Haciendo exhibición de la audacia que el ensayo de Bacon está considerando, Mahoma le ordena a la montaña que se acerque. Por supuesto que aquí Mahoma es solo una palabra. Seguramente Bacon lo empleó en lugar de Jesucristo para no herir susceptibilidades religiosas, aunque Jesucristo habría llenado mejor el papel, para los que recordasen ese sermón suyo que es, justamente, el de la montaña. Pero, hombre renacentista como era Bacon, debió de tener en cuenta las reglas de la perspectiva, que ordenan las puestas a distancia y se advierten cuando una leve disonancia, como en el cuadro de Manet, despiertan el sobresalto. Y por supuesto asimismo, la montaña no acudió al llamado. Con lo que Mahoma debió ir a ella, y quedó el proverbio.

Esto venía a cuento porque en su largo camino, en el que todos lo hemos pronunciado alguna vez, el proverbio adquirió reversibilidad: tanto puede decirse que si la montaña no viene al hombre el hombre va a la montaña como, al revés, que si el hombre no va a la montaña la montaña, mágicamente, viene al hombre. No es que haya tal magia: la montaña deja de ser montaña para ser cualquiera de esas cosas, como las desgracias, que vienen a nosotros cuando se convencen de que no iremos hasta ellas.

Pues bien, la reversibilidad viene a cuento por algo que se me ocurrió revisando una vez más los mitologemas de mi Educación Defectuosa, y es que si esta no prepara al alumno para enfrentar al mundo, será el mundo el que acuda al sitio donde está sentado, escribiendo, el alumno o exalumno, y acudirá transformado, adaptado a la clase de educación que ese exalumno se impartió. La ventaja, discutible y difícil de probar, es que en una cierta cantidad de movidas, anticipadas por el soplo de la inspiración, ese mundo comprado a fuerza de errores anticipados se volverá el mundo de verdad. El premio del que se negó a adaptarse al mundo fue que el mundo vino a él despojado del lastre de la realidad, en forma de miniatura y representación, retablo de oro visto a la media distancia, moneda falsa que sirve más que la genuina.

Norah Lange[2]

La realidad fue políticamente incorrecta con las narradoras argentinas en la primera mitad del siglo XX. La incorrección en este caso consiste en recluir a las autoras en los temas convencionalmente femeninos: la casa, los niños, el matrimonio, la familia. Y fue incorrecta porque las escritoras que se limitaron a esos temas fueron las mejores, mientras que las que con loables intenciones de romper esquemas se atrevieron a asuntos "masculinos", como la Historia, la política, la sociedad, no pasaron de la mediocridad. Quizás fue la estrategia correcta, al menos en términos literarios: aceptar el cliché, esconderse en él, para socavarlo desde adentro. En Silvina Ocampo, en Norah Lange, a mi juicio las dos más destacadas, la temática femenina se ahueca hasta encontrar algo fundamentalmente distinto.

Ocampo y Lange tienen mucho en común, todo ello políticamente incorrecto: las dos casadas con escritores famosos que además eran hombres ricos, a los que veneraban casi como a dioses; las dos en el mismo círculo hermético de la clase alta porteña, las dos en una estrecha cercanía con Borges, salvo que una estaba casa-

2. Oslo, 2017.

da con su mejor amigo, y la otra con su peor enemigo. Y las dos excéntricas como puede serlo una mujer rica, cada una a su manera, opuesta, Norah eminentemente sociable, Silvina recluida e invisible.

Pero hasta ahí llega el paralelismo. Los libros de cada una solo comparten la inquietante extrañeza de lo familiar desplazado, vecino a lo siniestro o a la crueldad. En todo lo demás son distintas. El fondo de humor en los cuentos de Silvina Ocampo está ausente en la obra de Lange, en quien hasta la ternura está tratada con una seriedad mortal; y este adjetivo no es un mero énfasis. La muerte vigila severamente todo lo que escribió, y a todos sus personajes podría aplicársele el título de uno de sus libros: *Antes que mueran*. En cuanto a la parte de su obra que a primera vista podría ponerse en el rubro del humor, los discursos jocosos que pronunciaba (leía) en los banquetes se exceden en una retórica bromista puramente superficial. Empiezo con algunos datos biográficos. Norah Lange nació en 1905 en Buenos Aires, más precisamente en lo que hoy es el barrio de Belgrano, entonces un pueblo satélite, zona de quintas arboladas; en una de ellas, en la calle Tronador, vivía la familia; años después esa casa sería la sede de reuniones de fin de semana de artistas y escritores. La fecha de nacimiento, como dije, fue 1905. Pero ya casada con Oliverio Girondo, por algún motivo de magia cabalística, ambos cónyuges hicieron cambiar en sus documentos sus respectivas fechas de nacimiento, atrasándola un año, Norah a 1906, y Girondo, que había nacido en 1890, a 1891. No fue por rejuvenecerse, obviamente, ya que se trataba apenas de un año, y además lo hicieron públicamente. Al parecer se trató de una especie de pacto, de segundo nacimiento decidido por ellos.

Norah fue una de nueve hermanos, de los que sobrevivieron seis a la primera infancia: cinco mujeres y un varón. Los padres eran un inmigrante noruego, Gunnar Lange, y una argentina hija de noruego e irlandesa, Berta Erfjord. El nombre del padre y el apellido de la madre formaron el nombre de un personaje del cuento de Borges "Tlön, Uqbar, Orbis Tertius", Gunnar Erfjord. Había una relación de parentesco entre Borges y Norah, ya que una hermana de Berta Erfjord se había casado con un hermano de Jorge Borges, padre de Jorge Luis; un hijo de este matrimonio, Guillermo Juan Borges, poeta que firmaba Guillermo Juan, para mantener la distancia con su primo famoso, fue quien llevó a Borges a casa de las Lange.

En 1909, con cuatro años Norah, la familia se trasladó a Mendoza, donde pasarían seis años, hasta la muerte del padre en 1915. Aquí unas palabras sobre el padre, y más en general sobre la red de inmigrantes noruegos que tuvieron alguna influencia sobre la vida de Norah. Gunnar Anfin Lange había nacido en 1855 en Vestre Aker; a los treinta años, en 1886, ya recibido de ingeniero, emigró a la Argentina. En el país próspero y en crecimiento que era entonces la Argentina tuvo trabajos importantes, como agrimensor, tasador de tierras, autor del primer mapa de la provincia de Buenos Aires, topógrafo; participó en proyectos de irrigación y canalización de ríos, secundó al Perito Moreno en la delimitación de la frontera con Chile, y publicó en el país artículos sobre temas geográficos. Su actuación distinguida en varias sociedades científicas y sus logros profesionales hicieron que en 1909 se le otorgara el título de Caballero de la Real Orden Noruega de San Olaf. En ese mismo año la familia se trasladó a Mendoza.

La mudanza se debió a que el ingeniero Lange fue nombrado administrador general de la Colonia Alvear en esa provincia andina. El que lo nombró para ese puesto fue el propietario de las tierras en las que se asentaba la colonia, otro noruego, Pedro Christophersen.

Hago un paréntesis sobre Christophersen y otros inmigrantes noruegos en la Argentina. Esta inmigración nunca fue numerosa, comparada con la española e italiana, pero sí destacada, y en algunos casos prominente. Es el caso de Pedro Christophersen Petersen, nacido en Tønsberg en 1845, y en 1871 llegó a la Argentina, donde se dedicó a los negocios, como lo había hecho antes en España durante un tiempo. Hizo fortuna, que se multiplicó portentosamente al casarse con una de las herederas más ricas del país. Su actividad fue incesante, prácticamente en todas las ramas de la economía. Y mantuvo vínculos con su país de origen, el más llamativo de los cuales consistió en financiar la expedición de Roald Amundsen, la primera en llegar al Polo Sur.

Un sobrino suyo, Alejandro Christophersen, noruego que llegó a la Argentina en 1887, a los veintiún años, fue el más importante arquitecto del país hacia el 900. Entre sus obras hay algunos de los edificios más emblemáticos de Buenos Aires, como el Café Tortoni, el Palacio San Martín, sede del Ministerio de Relaciones Exteriores, la Bolsa de Comercio, y la bella Iglesia de los Marineros Noruegos, hoy lamentablemente demolida.

No fue el único arquitecto noruego que trabajó en Buenos Aires. Otro fue Olaf Petrus Boye, uno de los responsables del más extravagante y colorido edificio de la ciudad, el Palacio de las Aguas Corrientes. Antes, otro más, también noruego, construyó el palacio que más tarde, con adiciones, se volvería la Casa Rosada, sede del gobierno nacional.

En cuanto a Norah Lange, nunca perdió contacto con Noruega. A los diecinueve años viajó a Oslo, a conocer a la hija de su hermana Ruth, que se había casado con un noruego. Volvió, acompañada por su marido, en 1948. Y durante la guerra y la ocupación de Noruega había escrito, en un diario antifascista que se publicaba en Buenos Aires, *Argentina Libre*, artículos contra el nazismo: "Se calumnia al pueblo noruego", y "Noruega bajo la opresión extranjera" (ambos en 1940).

Sigo con la vida de Norah. La estada en Mendoza duró seis años, hasta la muerte del padre en 1915. Este período es el de los recuerdos de su libro *Cuadernos de infancia*, en el que se continúan con los recuerdos de la quinta de Buenos Aires, a la que la madre con sus seis hijos regresó entonces, en condiciones económicas muy precarias. A pesar de las cuales poco tiempo después esa casa de la calle Tronador se volvió escenario de animadas tertulias de escritores y artistas. El más apreciado por Norah fue Borges, al que consideró su primer maestro, iniciador en la poesía. La adolescente empezó a escribir poemas, seguramente estimulada por la atmósfera que se vivía en la casa, y en 1925, a los veinte años, publicó su primer libro, de poesía, *La calle de la tarde*, todavía con su nombre real, Nora, sin la hache final. Es curiosa la confluencia onomástica que se dio entonces: el libro apareció con un prólogo de Borges, e ilustraciones de su hermana, Norah Borges, cuyo nombre sí tenía una hache final. Fue Guillermo de Torre, el marido de Norah Borges, el que le sugirió a Lange que le agregara la hache a su nombre: según él, esas dos sílabas banales y sin misterio necesitaban un penacho final que les diera carácter.

Siguieron otros dos libros de poemas, *Los días y las noches*, en 1926, y *El rumbo de la rosa*, en 1930. No hay mucho que decir de su poesía. Lo tiene todo del ejercicio juvenil, emulación de lo que hacían sus amigos, con fuerte marca borgeana. La poesía, aunque de correcta factura, es algo así como un deber prolijo, para quedar bien con el maestro, que en este caso son Borges y el grupo ultraísta, los poetas que frecuentaban su casa. Son poemas marcados por la precocidad. La precocidad fue, más que una circunstancia, la materia misma que los constituyó. Al agotarse esta materia, dejó de escribir poemas, y más tarde renegó de ellos.

Borges había importado de España, de donde había regresado en 1921, la escuela ultraísta, que hacía hincapié en la metáfora. Los poemas de Norah, ella misma lo dijo en sus últimos años, no eran más que retahílas de metáforas, y si bien algunas están logradas, no pueden evitar dar la impresión de un automatismo ingenioso, monótono en definitiva. Casi todo viene de Borges: las callecitas de los suburbios, los crepúsculos… Si algo anuncia su obra posterior son, sobre todo en el primer libro, los escenarios vacíos, esa calle deshabitada, como un mundo no humano.

Otro libro renegado por su autora fue una breve novela epistolar, *Voz de la vida*, que publicó en 1927 desoyendo los consejos mejor intencionados de sus amigos. No tiene ningún valor literario, salvo cierto trabajo estilístico, por primera vez en la prosa, que anuncia sus reticencias y retorcimientos, aunque lejos de madurar todavía.

Hay una explicación para esta novela. Por esa época Norah había conocido a Oliverio Girondo, del que se enamoró. Pero él se fue a Europa, en un largo viaje que duró años, y ella le escribía cartas, según dijo después, una carta por día. La novela, en realidad escrita antes de este episodio biográfico, consiste justamente en las cartas que una mujer enamorada le escribe a su amado lejano. Habría sido mejor si no tuviera un argumento. Es decir si solo fuera una voz reclamando por una ausencia. Pero el sentido del deber de la joven autora la llevó a las ávidas arenas movedizas del embarazo, el matrimonio, la muerte, la mala suerte... Puede considerársela un accidente marginal de la precocidad.

En 1928 es ella la que viaja a Noruega a visitar a su hermana Ruth. El viaje se prolongó con una estada en Inglaterra en casa de parientes. De este viaje sale la novela *45 días y 30 marineros*, en la que su prosa ya tiene algunos rasgos característicos: una cierta reticencia, un tono poético, trabajado, como si no se resignara a la mera comunicación o información. Su gusto por el misterio, que haría eclosión en sus novelas posteriores, asoma aquí. En una entrevista dijo: "Me gusta todo lo que esté rodeado de cierto enigma; nunca pude aceptar las cosas directas". Esa escritura exigente puede responder en parte a la influencia de Faulkner, su autor favorito.

El libro ha sido visto como una suerte de alegoría de la vida de una escritora mujer en un medio intelectual dominado por hombres. La metáfora no podría ser más clara: una sola mujer en un barco con treinta hombres. Pero esa era (además de haber sido la circunstancia real de su viaje) la situación vital de Norah Lange, de la que nunca se quejó.

En contraste con la atmósfera de fiesta con que se celebró la salida del libro, y el tono burlón que sugiere el título, la acción relatada sucede en una tonalidad más bien melancólica, a la que contribuye el abuso permanente del alcohol. No podemos saber cuánto hay de autobiográfico, probablemente menos de lo que sugiere. Pero la deriva alcohólica sí fue una constante en su vida.

Esta novela también se inscribe en el terreno de la precocidad. Demasiado joven para hacer un viaje tan largo sola, demasiado joven para pasar 45 días rodeada de 30 marineros y el océano... Y sin embargo, sobrevivió a todos los peligros, sorteó las situaciones incómodas, llegó sana y salva... Es como una tarea bien hecha en la realidad, y bien hecha en el relato posterior. El libro se publicó y celebró, más como documento de la madurez anticipada de la joven que como obra literaria. La construcción del relato es convencional, pero la escritura siempre es poética, elaborada, nunca meramente funcional.

Junto con la aparición de este libro, en 1933, se produjo otro hecho importante en la biografía de Norah: se fue a vivir con Girondo, en la casa de la calle Suipacha donde pasaría el resto de su vida. Oliverio Girondo, quince años mayor que ella, pertenecía a una rica familia patricia; había estudiado en Inglaterra y en Francia. Luego se graduó de abogado en Buenos Aires, gracias a un acuerdo con los padres: estudiaba si ellos le pagaban un viaje anual a Europa. Un año antes de que Borges publicara su primer libro, *Fervor de Buenos Aires* (1923), apareció en 1922 el primero de Girondo, *Veinte poemas para ser leídos en el tranvía*, dos libros que marcaron el inicio de la vanguardia literaria en la Argentina. Fue animador de la revista *Martín Fierro*, de gran influencia, y fue uno de los fundadores de la editorial Sudamericana. Norah relató más de una vez que Girondo tenía una disciplina de trabajo muy estricta, de escribir varias horas por día, disciplina a la que ella se plegó y a la que adjudicaba lo bueno de lo que había escrito. Cuatro años después de estar conviviendo con él en la casa de la calle Suipacha, en 1937, apareció su libro de memorias, *Cuadernos de infancia*. Consiste de cuadros breves, más poéticos que informativos. Predomina una característica que se acentuará en los libros posteriores: la información diferida. Suprime el sujeto al empezar el relato, de modo que el lector no sabe a quién se está refiriendo, con lo que destaca la acción, aislándola de quien la ejecuta. Un efecto marginal de este procedimiento es que afantasma a los personajes, volviéndolos un dato menor y casi oculto de la acción.

El tema recurrente es la obsesión, la inocente obsesión infantil de hacer ciertas cosas de determinado modo, de evitar otras, de volverlo todo un ritual. El obsesivo vive en un mundo ceremonial. Y de ahí mismo viene lo fragmentario. Ya estaba en los libros anteriores (y en la poesía también, por supuesto), en las cartas, discontinuas, y en el diario de a bordo, en su estructura de diario apenas unido por transiciones. Tiene que ver con el ceremonial obsesivo, que es fragmentario por repetitivo. De ahí, llegar a la continuidad es una tarea a emprender.

También relacionado con la obsesión: las palabras como fantasmas. Las palabras toman una entidad de personajes: actúan, pero al modo de fantasmas, que no hablan si no se les dirige la palabra. En esto se parece mucho a Nathalie Sarraute. (En lo de tomar una frase común, habitual, y explorar todo lo que puede resultar de su enunciación. Porque efectivamente no se trata tanto del sentido en sí como de la enunciación, lo que tiene algo que ver con el ritual obsesivo también, la maldición, el conjuro, el hechizo).

El libro fue ampliamente celebrado, con premios, y los banquetes con que se celebraban los premios, críticas encomiásticas, y la certeza de hallarse anticipadamente ante un clásico de la literatura argentina, cosa que ocurrió; sigue siendo el libro más leído de Norah Lange.

Toda esta época está jalonada de banquetes, que la cofradía de los escritores celebraban por los más diversos motivos: la partida o el regreso de un viaje de alguno de ellos, un premio ganado, la visita de un extranjero, la publicación de un libro... Y Norah se lucía con sus coloridos discursos, exuberantes. A pesar de su aire improvisado y jocoso, los escribía documentándose sobre el homenajeado. De todos modos la escritura era rápida, parecía salir fácilmente de su conversación, a juzgar por el poco tiempo que le llevaba escribirlos, según ella una semana. En 1942 los reunió en un volumen, *Discursos*, y los reeditó en 1968, aumentado con los discursos pronunciados posteriormente, con el título de *Estimados congéneres*. Dan una imagen de la autora muy distinta de la que podría surgir de sus libros posteriores a los *Cuadernos de infancia*. Hay un distanciamiento ahí, entre la seriedad cercana a lo fúnebre de sus libros y esta habladora bromista. El hecho de que al final de su vida haya reeditado los discursos (fue su último libro publicado) indica que de algún modo preservaba esa distancia.

En este punto comenzó algo nuevo en su obra. Todo lo escrito y publicado por ella hasta entonces respondía a lo que las circunstancias hacían que se pudiera esperar. La adolescente rodeada de poetas jóvenes que la festejaban, le leían sus poemas, se los dedicaban, era casi inevitable que escribiera ella también poemas, y si descubrió que tenía el talento para hacerlo, siguiera escribiéndolos. Eso explica la existencia de sus tres libros de poemas. A partir de ahí, si vislumbra para ella una carrera de escritora, experimentará con algo más contundente que un libro de poemas, algo que pueda entrar en el mercado editorial: una novela. *Voz de la vida*, su novela epistolar, es el testimonio de este intento. Que haya salido mal no es más que una prueba de que la veta sentimental no era lo suyo. Pero eso pudo actuar como un estímulo para intentar otro camino. Y ahí Norah tenía el material necesario en su propia vivencia reciente: un viaje en condiciones peculiares, como podría haber sido un exilio, una experiencia de la guerra, una historia familiar. Su viaje a Noruega en un barco carguero en el que era la única mujer, agregándole un poco de imaginación y dramatismo, era justo lo que necesitaba. De ahí salió *45 días y 30 marineros*. Luego, solo faltaba probar, ya dominando los mecanismos del relato, la memoria infantil, que debía de ser algo que se le estaba reclamando implícitamente, o que se estaba reclamando ella misma. No le faltaba material en su infancia mendocina, con su familia numerosa, sus mudanzas de un extremo al otro del país, el ambiente de pioneros. Al contrario, al leer el libro da la impresión de haber hecho una severa selección y haber dejado mucho afuera.

Quizás el auténtico valor de una obra literaria empieza cuando ya se ha escrito todo lo que obedece a causas visibles. Hasta ahí, el lector o el crítico pueden sentirse sobre terreno seguro: el autor sabe por qué escribió lo que escribió, y ese conocimiento tranquilizador se transmite de modo natural en la lectura. Críticos y lectores pisan la tierra firme de las causas y efectos en literatura.

A partir de ahí, hay dos alternativas: o bien seguir por el camino que le han trazado sus libros, o internarse en terreno desconocido, como hizo Norah Lange.

La producción se hace más espaciada: siete años entre *Cuadernos de infancia* y *Antes que mueran*, seis entre este y *Personas en la sala*, otros seis para *Los dos retratos*. Entre ellos, largos viajes, a Europa, al Brasil, a las provincias argentinas. En París, por intermedio del poeta uruguayo-francés Jules Supervielle, al que Girondo había conocido en su juventud, tienen trato con Felisberto Hernández. Si bien no creo que haya habido influencia directa, encuentro mucho en común en la obra de Lange y Felisberto, salvo que en este hay una luminosidad que falta en la obra madura de Lange, más oscura y siempre con un ribete siniestro.

El primer paso en la dirección que llevaría a su obra madura, paso decisivo, fue uno de los libros más extraños de la literatura argentina, *Antes que mueran*, publicado en 1944. Todos sus lectores lo han visto como una nueva versión de *Cuadernos de infancia*. Una versión "ahuecada", llevando más lejos algo que ya estaba antes: la demora en completar la información, al punto de no completarla nunca. De ese modo que da solo el escorzo del relato, su perfil.

Ya desde el título se anuncia una intención de "desescribir" el libro anterior, su clásico. Todo lo que le pasa a sus personajes les pasa "antes que mueran". La mirada invierte su dirección, es como si todo se viera desde el otro lado. Lo que en *Cuadernos de infancia* se veía en una perspectiva de pasado (la autora adulta viendo su infancia) aquí se ve en un presente amenazado por el futuro. En esta inversión anuncia los juegos de geometrías de sus novelas. Establece un plazo, y una urgencia.

El libro tiene algo de provocación, de reivindicación de la escritura contra la lectura complaciente que pudo hacerse de los *Cuadernos de infancia,* premiados y celebrados. Quizás sintió que había sido mal leído, y era culpa suya, por haber caído en lo complaciente del recuerdo de los días felices. Se trataba de "desescribir" un libro con otro. Ya el título, al postular el final inevitable de todos sus personajes encantadores, y darles un plazo de actuación, los vuelve fantasmas previos, los fantasmas de la vida.

Podría decirse que el título, *Antes que mueran*, da el tono de lo que escribió después. En la siguiente novela, *Personas en la sala*, la protagonista dice y repite: "Todo esto me sucede por no haberme muerto". En las novelas que escribió (dos publicadas, una que quedó inédita e inconclusa) en primera persona, la protagonista es una adolescente. El sujeto fantasma de *Antes que mueran* toma figura.

Hago un breve resumen del argumento de *Personas en la sala.*

La protagonista narradora, una joven de diecisiete años que vive con su familia en una casa del barrio de

Belgrano, descubre que en la casa de enfrente, cruzando la calle, viven tres mujeres solas, que pasan las tardes sentadas en la sala. Las ve a través de la ventana, de la que estas mujeres no cierran nunca las persianas. Los rostros y las manos claras, los vestidos oscuros.

En una entrevista Norah reveló que la inspiración le vino de ver una reproducción del famoso retrato de las hermanas Brontë, pintado por su hermano Branwell. Este cuadro, del que Norah debía de conocer la historia, contiene un fantasma: Branwell, que se había retratado detrás de las hermanas, y después se borró. (Esto anticipa en cierto modo el asunto de *Los dos retratos*).

La joven contempla todos los días a estas tres mujeres, hasta que se entera por casualidad de que han enviado un telegrama, con la respuesta paga. Acecha al cartero, intercepta el telegrama de respuesta: "Iré jueves tarde". El jueves viene un hombre, ella espía la reunión, en la que una de las mujeres le da al hombre un sobre, que él a su vez deposita en manos de otra de las mujeres, y se marcha. La joven supone que eran cartas, y la reunión una especie de final de la relación. A partir de entonces empieza a visitarlas todas las tardes; beben, fuman, hablan de temas banales o se quedan en silencio. No llega a averiguar sus nombres, ni queda claro cuál es la relación entre ellas, aunque se sobreentiende que son hermanas. Salvo la fugaz aparición del hombre de las cartas, no hay otro personaje que ellas cuatro. La familia de la joven se menciona de modo general, sin particularizar. Al final, ella va a pasar cuatro días fuera de Buenos Aires (a Adrogué) y al regresar encuentra la casa de enfrente cerrada y con un cartel de alquiler.

Eso es todo. Es, dijo la misma autora, una novela de espionaje: "Es puro espionaje". Dijo también que la pasión de su vida fue espiar. "Espiar es un placer enorme para mí. Gozaría si pudiera espiar a la gente en su intimidad. Se lanzan cuando están solos". Satisfacer este placer tiene su precio: quedar afuera, ser espectador, no actor. En tanto espectador, la acción, vista desde afuera, conservará siempre su misterio.

La escritura de esta novela es sostenidamente densa, apretada, en un tono de angustia claustrofóbica. Una claustrofobia rara, porque tiene lugar en el espacio que separa dos casas, dos ventanas. La joven protagonista asume la postura de un Sherlock Holmes metafísico operando en el vacío. No llega a saber nada, quiénes son esas mujeres, qué oscuro drama las precede; tampoco hace nada por averiguarlo, se satisface con el misterio. El libro podría leerse en la clave de las ambigüedades de un Henry James. Está pasando algo, pero no se dice qué. ¿Existen? ¿Las inventó ella para experimentar con el dramatismo de la mujer adulta? Les da una edad de treinta años, lo que parece poco para tres mujeres enclaustradas vestidas de negro; pero eso contribuye a la sospecha de que ella las inventó, y les dio una edad que a una chica de diecisiete años le puede parecer avanzada, de final de la juventud. A lo mismo contribuye el hecho de que algo tan llamativo como una ventana a la calle con tres mujeres inmóviles visibles en el interior no le llame la atención a nadie más que a ella. Y también: que todo se termine después de la interrupción, como si su continuidad solo pudiera depender de una atención constante, a la manera de los sueños. Un sueño, o un juego, un juego privado que inventa esta adolescente para combatir el aburrimiento y de paso explorar los misterios de la condición femenina. Y los niños se toman en serio sus juegos, de ahí la seriedad mortal de esta novela. Su estructura es la de un juego solitario, de invención de personajes imaginarios. La seriedad está exacerbada, y exagerada hasta el dramatismo.

Que sea una adolescente, en el pasaje de niña a adulta, es significativo. La adolescente es su protagonista de elección en todo lo que escribió. Lo que parece haber elegido en realidad es ese momento en que el juego infantil se enfrenta a las decisiones de la vida adulta. Más precisamente: el juego de inventarse amigos imaginarios se transforma en el juego literario del novelista.

La crítica ha coincidido en que *Personas en la sala* es su obra maestra. En esa escena de la adolescente y las tres mujeres, escena que no se desarrolla narrativamente sino que queda congelada en el misterio, Norah Lange pudo desplegar mejor que en sus otros libros esa prosa toda hecha de silencios, poética y enigmática.

Pasamos a la siguiente novela, *Los dos retratos*, seis años posterior.

Aquí no se trata de un juego solitario como en la anterior; la protagonista adolescente hace participar a los adultos, los implica en el juego. (Pero sigue siendo ella la que espía e investiga).

Lange monta en esta novela un dispositivo escénico simple y complejo a la vez, en el que transcurre toda la acción. Un comedor rectangular, con una mesa a lo largo. En una de las paredes angostas un espejo; en la otra, enfrentada, dos cuadros puestos uno al lado del otro. Los cuadros (los "dos retratos") se reflejan en el espejo. En la mesa larga tienen lugar las cenas familiares de los domingos. Los dos cuadros son fotografías ampliadas del grupo familiar (el mismo que se reúne los domingos para cenar). Las dos fotos son casi idénticas, fueron tomadas en el misma ocasión, con apenas unos minutos de diferencia. En las cenas el espejo refleja las dos fotos, así como a los que treinta años antes posaron para esas fotos. La abuela, dueña de casa y anfitriona, se sitúa en la cabecera, de espaldas al espejo.

Este dispositivo sirve de escenario a un drama familiar de rencores, enemistades y secretos. La protagonista, la adolescente, tiene nombre (Marta), como lo tienen los hijos y las hijas de la vieja señora. Marta es la nieta favorita, vive en casa de la abuela. Sus padres deberían ser algunos de los que asisten a las cenas, pero no se dice cuáles. El hijo favorito es Juan, casado con Teresa, la única de los presentes (junto con Marta) que no está en los retratos. Teresa es la enemiga, aliada a Elena, cuñada de la abuela (hermana del marido difunto de esta), que vive en la casa. En los retratos hay una sola figura no perteneciente a la familia, Daniel, del que no se dice nada. Pero en la segunda foto, tomada unos minutos después de la primera, Daniel no mira a la cámara como en la primera foto sino que mira a la abuela, entonces joven. En el intervalo entre las dos tomas la abuela ha entrado a la casa a tomar agua, ha vuelto para posar, y esa momentánea ausencia, que no quedó registrada en la foto, ha dejado un blanco remanente (el fantasma de Branwell), y explica la mirada de Daniel. Esa mirada parece ser el punto sensible. ¿Era su amante? ¿Elena estaba enamorada de él y por eso se quedó soltera? En el desenlace, el día antes de morir, la abuela retira el segundo retrato (el de la mirada) y lo reemplaza por un retrato de ella sola.

En el juego con los retratos reaparece el animismo que estaba en los juegos de niña de Norah y queda registrado y vuelto procedimiento literario en los *Cuadernos de infancia*: los objetos tienen vida propia, influyen en la vida de la gente, la obligan a recordar y a reconocer errores y traiciones. Norah dijo en una entrevista: "El recuerdo puede volver a través de un objeto, y cambiar toda la situación".

Otra vez, como en la novela anterior, la joven protagonista-narradora se impone tareas de detective, en la línea de Henry James, recogiendo gestos, medias palabras, insinuaciones, atenta a todo lo que sucede en la casa, pero sin darnos a conocer sus conclusiones, que deja a cargo del lector.

Hay una sugerencia, muy velada, de que esas fotos se alteran, que está pasando algo en ellas. Es el argumento del cuento "Las babas del diablo", de Cortázar, salvo que aquí no se necesita lo fantástico porque se trata de dos fotos, y el cambio se da de una a la otra.

Unas palabras sobre su última novela, *El cuarto de vidrio*. Apareció en forma póstuma, en 2006, en la edición de sus *Obras completas*. Quedó sin terminar, por lo que sería injusto juzgarla con severidad. Pero por lo que se puede apreciar de los capítulos que quedaron, es claramente fruto del cansancio; curiosamente, en sus tres novelas hay una progresión no hacia el laconismo y la simplificación, como podría esperarse, sino hacia un exceso de información, que va en contra de su mejor proyecto. La economía de *Personas en la sala*, que hacía todo su misterio, se vuelve más informativa en *Los dos retratos*, y más todavía en esta novela inconclusa; un viaje al revés, como si el máximo de innovación se hubiera encontrado de entrada, y después se fuera retrocediendo hacia una forma más convencional.

Una breve sinopsis argumental: hay dos adolescentes, huérfanas, la narradora y su hermana Emilia, que han heredado la casa. La comparten con Juan, hermano menor del padre, que antes de su muerte le encargó la custodia de la casa y de sus hijas hasta que lleguen a la mayoría de edad; Andrea, esposa de Juan, y Gabriela, hermana menor de Andrea y enamorada de Juan. Y un abuelo inválido, que está en algunos capítulos y no en otros. Y un caballo, con el que hay un episodio ritual, que no tiene mucho que ver con el resto.

Los capítulos tienen algo de relatos independientes, cada uno con un tema (de hecho, Norah publicó algunos como cuentos). El efecto no es del todo coherente, como si fueran pruebas para unificarlas en una futura novela. Esta termina (¿pero está terminada?) no teniendo un asunto definido.

Norah Lange fue una novelista de interiores. Su atención está puesta en los conflictos secretos de las familias, lo que excluye las distracciones que podría aportar la Naturaleza. Aquí le da una vuelta de tuerca al encierro, con el cuarto de vidrio: una terraza, transformada en comedor al cerrarla con ventanales.

El acercamiento (en la figura de precursora) que se ha hecho de Norah Lange con los autores del *nouveau roman* francés no es muy convincente. Puede ser una familiaridad de época. Aquí y allá hay una coincidencia con Nathalie Sarraute (el uso de una expresión que toma vida propia), con Marguerite Duras (por esas figuras femeninas que se ocultan o desplazan; un parecido en ciertas atmósferas femeninas), y hasta con Robbe-Grillet en los juegos con el espacio, los juegos arquitectónicos de una novelista. Salvo que a diferencia de los objetivistas las casas en Lange están animadas con vida propia. En *El cuarto de vidrio*, uno de los episodios que no llevan a nada es el de uno de los personajes, Andrea, que para corregir una desviación de columna debe pasar tres meses enyesada de medio cuerpo: la mujer-casa, como en Louise Bourgeois.

Dije antes que toda la obra juvenil de Norah Lange, hasta los *Cuadernos de infancia*, estaba biográficamente explicada. Después, viene lo auténticamente original de su obra. Y ahí están sus novelas, esos extraños meteoritos que no se parecen a nada que se estuviera escribiendo entonces. Y la materia (el argumento) de esas novelas repite en otro plano el proceder de la autora. Sus protagonistas hacen lo que hacen, ese espionaje trascendental, por fuera del mandato familiar, tan injustificadas como Norah escribiendo.

El giro se da a partir de su matrimonio con Oliverio Girondo. El vanguardismo de Girondo, teñido de humor en sus primeros libros, tomó un cariz sombrío en el último, en el que trabajó incansablemente durante años, hasta su muerte, *En la masmédula*. Este libro está escrito en un idioma inventado a partir del español, de modo que el significado queda en suspenso, siempre aludido, nunca especificado.

En Norah la suspensión del significado es semejante, llevada al plano argumental. Comparada con una novela más o menos contemporánea, y con la que se ha hecho más de una vez un paralelo, *La casa del ángel*, de Beatriz Guido, las dos con una protagonista adolescente, y hasta en el mismo barrio, resalta la diferencia. En la novela de Beatriz Guido la acción desemboca en un resultado final, mientras que en Norah el misterio no se resuelve.

En *Personas en la sala* el proyecto está plenamente realizado. Es como si ya no quedara nada más por hacer. Podría mencionarse la ley de los rendimientos decrecientes: una vez que se abre un campo nuevo, en la ciencia o en el arte, en el primer gesto se lo recorre entero, y después no queda más que el comentario o la variación. Ya en *Los dos retratos* la tensión se relaja, y la novela inconclusa no quedó inconclusa por casualidad, sino quizás porque la autora vio lo inútil de completar algo que ya había sido completado antes.

En ese proyecto, consumado en *Personas en la sala*, veo la huella de Girondo, el gesto vanguardista que persistió en él. Girondo podría haber seguido la línea iniciada con sus primeros libros, pero se lanzó a una empresa novedosa, sin garantías de éxito. Tan arriesgada fue esa jugada con *En la masmédula* que se quedó con la duda de si había valido la pena. Cuando estaba muriendo, dio una fiesta para despedirse de sus amigos (la pareja Norah-Oliverio fue muy aficionada a dar fiestas en su casa), y cuando los invitados se marchaban él los esperaba en la puerta para pedirles, confidencialmente, que le dijeran la verdad sobre lo que pensaban de su extraño último libro.

Lo mismo pudo haberle pasado a Norah Lange. El giro abrupto después de los *Cuadernos de infancia*, el proyecto innovador que culmina en *Personas en la sala*, equivale a una renuncia a aprovechar el impulso adquirido. A partir de ahí empezó algo nuevo, que no se había hecho antes. *Personas en la sala* no es una novela que nadie vaya a leer por placer. El placer quedó atrás, en los cuadros encantadores de *Cuadernos de infancia*. Contra el encanto de este libro escribió *Antes que mueran*. Fue un juego (borgeano) con el tiempo: primero vino la resurrección del pasado mediante el encanto; luego, se lo despojó del encanto recordándoles que todo eso pasó "antes que mueran". A su vez, ese título propone una urgencia: hay que hacerlo mientras se da la oportunidad (la vida). Pero la tercera persona, "antes que mueran… ellos" (o "ustedes"), tiene algo de amenaza. De vampirismo: hay que sacarles todo lo que tienen antes de perderlos. Y todo lo que escribió entonces está marcado por esta urgencia y esta amenaza misteriosa.

Mamá[3]

Hoy me volvió, quién sabe por qué, un recuerdo de mi infancia en Pringles; quizás con ayuda de la fantasía aluciné el comedor de la casa de entonces y me pareció oír la voz de mamá. Hablaba mucho en las comidas, llevaba, como se dice, la voz cantante; papá se limitaba a intercalar un comentario aquí y allá. Ella contaba toda clase de historias, evocaba, criticaba, sobre todo criticaba; era una censora implacable de taras, errores, defectos, de parientes, vecinos, conocidos. El pueblo entero era sometido a un severo examen que invariablemente reprobaba. Lo que recordé, y aun antes de tener bien en claro el recuerdo ya sentía que era algo muy propio de ella, fue que criticaba a una señora. Lo hacía a expensas del elogio inopinado a su marido. El hombre en cuestión tenía según ella importantes dotes artísticas, además de ser un intelectual nato, pero no había podido desarrollar sus cualidades por culpa de su esposa. Papá, que seguramente lo conocía y tenía alguna relación comercial con él, como las tenía con todo el pueblo, debía de sonreír al oír lo de las dotes artísticas y lo del intelectual nato. Pero mamá estaba lanzada: la esposa no lo

3. Madrid, 2016.

alentaba, al contrario, lo achataba, con sus reclamos de ignorante, de ama de casa sin inquietudes culturales. "¡Qué lástima!", exclamaba en su papel de curadora autodesignada del tesoro cultural de Pringles. Por culpa de un matrimonio inadecuado se perdía una mente valiosa y todo lo que habría podido darle al mundo.

Quedé intrigado. ¿A quién se refería? ¿Qué interesante personaje, quizás propietario de una buena biblioteca, me había perdido en mis años de soledad en el pueblo? Quizás alguien que habría podido leer mis primeros balbuceos literarios y alentarme, como a él no lo alentaba su esposa. Él también habría estado buscando un alma gemela en la que volcar sus inquietudes, así fuera un imberbe. Creía oír las palabras de mamá, los gestos, su convicción vehemente, pero no recordaba el nombre ni lo recordaría nunca. Todos los nombres del pueblo, la onomástica de mis primeros años, puedo recitarla entera pero como pura exhibición verbal, sin adjudicarle un nombre a una cara salvo las de los parientes y los vecinos inmediatos. No me habría servido de nada recordarlo, pero me habría gustado ponerle una cara; habría sido como recuperar una de las esperanzas de las que estaba hecha mi vocación.

Sin embargo, algo me sonaba a hueco en todo el asunto. Ya esa sonrisa subrepticia que había imaginado en la cara de papá me hacía desconfiar. Una resonancia de repetición devaluaba el recuerdo. Quizás no recordaba de quién se trataba porque se trataba de muchos. Dejé de ver lo que me rodeaba para embarcarme en una investigación más prolija. Y entonces los damnificados por su matrimonio empezaron a venirme en tropel. Inaugurando la procesión se me impuso una escena, que por dolorosa había quedado representándose en mí.

Yo tenía unos diez años, estábamos en la casa de mi abuela, y uno de mis tíos se quejaba con amargura del fracaso que lo perseguía en sus esfuerzos por manifestarse como actor. Histriónico, muy expresivo, era actor en cada fibra del cuerpo y el alma. Tenía pasión por el teatro, había participado en grupos filodramáticos, pero todo volvía siempre a la nada, todas sus iniciativas y esfuerzos saboteados por la indiferencia, la precariedad de medios, la mala suerte. Los hermanos y las cuñadas que estaban en ese momento lo consolaban refiriéndose al ambiente poco propicio del pueblo, o le elogiaban las actuaciones que le habían visto, o hacían mención de su relativa juventud y lo que todavía podía hacer en el futuro. Mamá, que se había mantenido en silencio, abrió la boca al fin para decirle que toda la culpa era de su esposa (que no estaba presente). "Tu única mala suerte fue casarte con una mujer que no te comprende ni tiene la capacidad para acompañarte…". Se hizo un silencio incómodo. Mi tío no dijo nada. Se levantó y se fue sin despedirse, desolado. Mamá estaba radiante por su triunfo. Me pareció algo muy cruel de su parte. Yo había notado antes esa veta sádica de ella, y lo poco que le importaba crear situaciones sumamente incómodas.

Renuncié a identificar al marido de aquella vez en la mesa porque podía ser cualquiera de la legión que recordaba. Había un dentista que igual que mi tío era un entusiasta del teatro, infaltable cuando venían compañías de gira, siempre solo. Esta última observación era de mamá, que no podía sino adjudicarla al desinterés de la esposa por todo lo que fuera cultura; qué podía esperarse de esa vaca gorda, ignorante, limitada a hacer la comida y barrer la vereda; y él, un hombre fino, sensible, marchitándose en la soledad matrimonial. Y estaba el presidente de la comisión directiva de la Biblioteca, hombre "cultísimo" que podría haber llegado a ser un gran escritor si no fuera por el freno de la bruta de su esposa, que en su vida había abierto un libro. Además, al frustrarlo, lo había llevado al alcoholismo. Y un amigo de juventud de papá, artista, pintor, dandi, gran lector y viajero: su error había sido casarse con una mujer sin vuelo, por no decir sin cerebro. Papá, que debía de estar más acostumbrado que yo a estas opiniones y en general las dejaba pasar, en este caso hizo una observación: la esposa de su amigo era rica, y era lo que le permitía al marido esas veleidades culturales. Mamá descartaba la objeción: ni toda la plata del mundo podía compensar la desgracia de tener una esposa que no estaba a la altura de un hombre sensible. Otro caso: Triano, también pintor. Podría haber llegado a ser un Berni, de no ser por esa esposa banal que lo había atado al pueblo y a vegetar en el oficio de fotógrafo.

Y había más, muchísimos más. Mi madre era una descubridora de talentos, con ojo de águila; los encontraba allí donde otros no veían más que un vecino común y corriente. Y aunque lo hacía no por el talento en sí (la cultura le importaba bien poco, dijera lo que dijera), sino para descalificar a las mujeres y ponerse ella en un plano superior de refinamiento e inteligencia, quizás acertaba. Quizás realmente había en el pueblo, mimetizados en la chatura y el analfabetismo funcional, una gran cantidad de hombres con talento artístico, cultos, lectores, creativos. Yo de adolescente veía a Pringles como un páramo cultural, y me aislaba esperando con ansiedad la hora de irme a Buenos Aires en busca de un medio más propicio para las letras y las artes. A la luz de estos recuerdos me pregunto si no habrá sido un error. Porque si había un gramo de verdad en la palabra materna, Pringles rebosaba de gente afín a mí, y no estaban como en Buenos Aires en sus cenáculos, a los que yo tardaría décadas en penetrar, sino disponibles, sedientos ellos también de contacto.

El juego de las desapariciones[4]

Alguna vez me pregunté cómo se vería Buenos Aires si mágicamente desapareciera todo, menos los árboles. Supongo que se vería como una llanura, como una especie de bosque geometrizante muy espaciado. Las intenciones del que lo plantó darían lugar a toda clase de especulaciones. Sería más o menos como preguntarse por las intenciones del que edificó una ciudad. Nadie se lo pregunta en el caso de una ciudad porque se sabe que las ciudades son obras colectivas. Pero este bosque sin ciudad, por ser tan extraño, daría a pensar en una sola mente, si bien multiforme, un tanto demencial, la mente de un artista de *avant-garde* o de un sabio loco. Sea como sea, nadie podría confundirlo con una formación natural. No sería una selva virgen, ni siquiera en aquella famosa definición de un escolar uruguayo: "Selva virgen es la selva en la que la mano del hombre nunca puso el pie".

Liberadas a sus medios naturales de transporte, las semillas nunca caen en hileras a distancias regulares, y aquí habría largas hileras, larguísimas. Después de todo, Buenos Aires se jacta de tener la calle más larga del

---

4. Madrid, 2015.

mundo, aunque justamente la avenida Rivadavia debe de ser la menos arbolada. Creo que el trazado mostraría una cuadrícula apenas irregular abriéndose en abanico hacia el oeste.

Las ensoñaciones de un Adán poshistórico que se paseara por esta desaparición parcial reconstruirían lo que hubo: calles, plazas, barrios. Si tuviera memoria, capacidad siempre dudosa en un Adán, podría deducir dónde hubo un baldío lleno de paraísos silvestres, dónde un patio secreto con una palmera y un limonero. Le sería difícil entender por qué los plátanos de mi calle se han hecho tan altos y estirados hacia arriba. Lo hicieron buscando luz, porque la calle es estrecha y los edificios altos. Pero, desvanecidas las causas, los efectos se verían como puro capricho de la naturaleza.

¿Y por qué tantas tipas, que no son del clima rioplatense? Habría que remitirse a un dato histórico. Fue Charles Thays, un paisajista francés que actuó como director de paseos públicos de la ciudad entre 1891 y 1914, el que se encaprichó con las tipas y llenó Buenos Aires con ellas. En realidad, aquí todos los árboles son exóticos porque en la pampa la providencia se limitó a proveer el pasto, nada más.

El exotismo sigue, ya que ahora también hay una globalización de los árboles. Si ese *flâneur* adánico fuera yo, podría admirar de lejos a los ginkgos, que son mis favoritos. Hace treinta años eran una rareza en la ciudad. Ahora hay bastantes y conozco a todos los del barrio. Los cuatro del parque Rivadavia, el del Centenario, el del Chacabuco. Voy a visitarlos por lo menos una vez por semana. Me gusta la puntualidad estacional de sus colores, el ángulo estricto de sus ramas. El del parque Chacabuco, el más viejo, tiene una corteza gris, moteada, que vista de muy cerca parece uno de esos microscópicos paisajes chinos en tinta. Los cipreses de los cementerios también serían una intriga. ¿Qué querrían decir? Aun sin lápida ni cruces, transmitirían un mensaje melancólico y un poco siniestro en su sector del bosque.

Los malos vecinos, yo mismo me he quejado de ellos sin ser un entusiasta del conservacionismo, que han hecho sacar los árboles frente a sus casas con el mezquino argumento de que las raíces levantan las baldosas de la vereda, tendrían su merecido castigo si volvieran, porque habrían perdido la única señal de la ubicación de sus moradas.

Como en todas partes, en Buenos Aires el respeto a los árboles es matizado. Y los matices se reflejan en las indignadas cartas de lectores que suelen publicar los diarios. El gesto civilizatorio original en Europa fue desmontar: abrir claros en el bosque, derribar árboles. En las llanuras argentinas el gesto equivalente fue plantarlos. Tanto es así que en 1913, alarmada por el aluvión inmigratorio europeo que venía con el atavismo de tirar árboles, la clase patricia fundó una Sociedad Forestal Argentina. Con el auspicio del siempre conservador diario *La Prensa*, instituyó el premio "grandes plantadores" para estancieros que se destacaran en el rubro. Una de las ganadoras fue Concepción Unzué de Casares, que plantó nada menos que dos millones de árboles en su propiedad. Otro fue el dueño de la estancia San Juan, a las puertas de Buenos Aires, que en su parque llegó a tener al menos un ejemplar de cada especie arbórea del mundo.

Es cierto que eso sucedía en el campo. En la ciudad, y en una ciudad que se transforma con tan frenética volubilidad como Buenos Aires, el combate de los árboles y el cemento es más imprevisible. De vez en cuando, y como gesto de elegancia inmobiliaria que se beneficia con la asociación histórica del árbol y la oligarquía terrateniente, sumado a la más reciente corrección política ecológica, el árbol, un árbol, gana la partida. Como el gran pino de la calle donde vivo, justo enfrente de la Facultad de Filosofía y Letras: la fachada del lujoso edificio de departamentos que debería haberlo obliterado se hizo curva para preservarlo. Si el edificio se disolviera en el aire, según la fantasía con la que estoy jugando, ese gran pino perdería buena parte de la función de su forma.

Algo de esta fantasía puede habérmela inspirado la persistencia de los árboles, que se adelantó a mi imaginación con las imágenes remanentes de los cambios urbanos. A la vuelta de mi casa está la plaza de la Misericordia, famosa en los años 60 como centro informal de distribución de drogas alucinógenas. Pero, apenas veinte años atrás, la plaza había sido el parque privado de una rica familia con muchas hijas mujeres. Expropiada, la casa fue echada abajo, lo mismo que el muro perimetral, y lo único que quedó fueron los árboles. Hasta hace unas décadas, las vecinas antiguas se complacían en reconstruir la vida de esa familia entre los árboles: los juegos de las niñas, Merceditas, Soledad, Dolores, María Luisa. Un poco más lejos está el parque Avellaneda, favorito de mis caminatas matutinas, aunque últimamente no soporto las bandadas de loros que han colonizado a chillidos sus follajes. Este parque fue el casco de una estancia en el siglo XIX y, en uno de sus lados, sobrevive la típica avenida de jacarandás que llevaba del camino a la explanada de la casa. Ahora, sin camino y sin explanada, una doble fila de árboles por la que no se va ni se viene, de lo que fue a lo que no está.

En fin, mi utopía moderadamente apocalíptica, selectivamente apocalíptica, me deja soñador. En la ciudad de los árboles, se respiraría un oxígeno más puro pero no habría ciudad, así que no sé qué se habría ganado. Con todo, esta ociosa fantasía apunta a un hecho muy real de la percepción. La ciudad es un tejido de desapariciones. Dejar solo los árboles es un ejercicio que exige apenas una dosis módica de imaginación. También se podrían seleccionar para una supervivencia exclusiva los cafés, o los carteles de publicidad, o cualquier otro colectivo disperso. Es fácil, porque la vida urbana nos ha entrenado, y no debería ser la restricción a lo urbano, y ni siquiera a lo humano, porque la vida en general opera así. El pájaro, el insecto, hasta el microbio, ven lo que quieren ver, o lo que necesitan ver, y omiten el resto. La mariposa macho huele a la hembra a kilómetros de distancia reduciendo a la nada los innumerables aromas que se interponen.

El gran prestidigitador es el hábito que hace invisible todo lo que no necesitamos imperiosamente y libera nuestras cansadas neuronas para las siempre urgentes tareas de la supervivencia. La ventaja de los niños sobre los adultos es que el hábito no ha tenido tiempo de embotar su registro del mundo. A nosotros nos va ocultando las cosas poco a poco, y llegaría a ocultarnos todo si dispusiera del tiempo suficiente, salvo que nadie vive tanto. Por supuesto, no debemos quejarnos. La función del hábito es evitar la sobrecarga eléctrica que se produciría si la marea innumerable de las percepciones quisiera entrar toda junta al cerebro.

El contrapeso necesario de los borramientos del hábito lo proporciona su archienemigo, el interés, que nos despierta de las siestas de la atención y nos mantiene en movimiento. Si por un lado nos arreglamos para vivir gracias al hábito, por otro es el interés el que le da algún sentido a la vida. De ese tira y afloja, la ciudad es el teatro privilegiado, a tal punto que se diría que los constructores de ciudades, si es que las ciudades tienen constructores, no hacen otra cosa que alterar los hábitos perceptivos con creaciones puntuales de interés. En lo cual se parecen a los artistas. Todos combaten el hábito, pero el hábito se les adelanta y la novedad productora de interés entra en un vértigo de metamorfosis solo para derrotarse a sí misma.

Un artista, justamente, decía: "Si uno va atrasado para una cita, no va a ver más que relojes. Si tiene hambre, solo verá restaurantes". El mes pasado, tuve que alquilar de urgencia un departamento para mi hijo y descubrí todas las agencias inmobiliarias que había en el barrio. Nunca las había visto aunque algunas estaban a metros de mi casa y pasaba todos los días frente a ellas. De pronto, su presencia me rompía los ojos a cada paso. Ahora, ya solucionado el problema, han vuelto a su discreta invisibilidad. ¿Con cuántas cosas pasará lo mismo? Con todas. Pero lo que desaparece, desaparece para aparecer mejor. Mi Adán forestal solo veía árboles, pero en el hueco estaba la ciudad de la que los árboles se habían vuelto signos. La forma vacía de un molde en hueco aparece y desaparece al mismo tiempo.

Krishnamurti basaba su sistema en lo que llamaba la atención total. Al parecer, a él le pasaba. A cierta hora de la tarde, todos los días, los filtros selectivos caían todos a la vez y la realidad lo invadía en su proteica multiplicidad, sin más beneficios que el éxtasis y unas feroces jaquecas. Prestar atención a todo, vencer al hábito y liberarse de sus anteojeras se cobra su precio con la renuncia del interés. Utopía ascética que contradice la esencia misma de las ciudades, que es la ceguera parcial, o más bien las multitudinarias cegueras parciales que entre todas conforman la gran visibilidad viva y cambiante de la ciudad.

Los santones lo sospechan, y se van al desierto. El que se queda en la ciudad es un falso santón. Y a eso, más que a nada, se parece el escritor, que escribe y publica sus manuales de percepción sin pasar por el éxtasis y con moderados y ocasionales dolores de cabeza. Lo hace por vanidad, o por dinero, o por cualquier motivo que haya bajo la máscara de la vocación. La ciudad está hecha a la medida de sus maniobras, al punto que sería difícil decidir cuál estuvo primero: si la ciudad que engendra los signos o el escritor que los organiza en historias, ya que el engendramiento del signo es su organización. El signo es lo que estuvo antes, pero solo porque vino después. Anterior y posterior a la vez, presencia y ausencia a la vez, el signo es el emblema de la transformación de los opuestos.

La ciudad, tejido de desapariciones que aparecen, es ante todo una acumulación de signos, de cosas y hechos que se vuelven signos por la acción encontrada del hábito y el interés, del antes y después de la percepción, confundidos. De ahí la peculiaridad del tiempo urbano, ese famoso "no tener tiempo" de las excusas a las que todos recurrimos. Un clásico de la literatura argentina explicaba su falta de producción diciendo que, en Buenos Aires, "tomás unos mates, das una vuelta a la manzana y ya se te fue el día".

La atención es cuestión de palabras. Prestar atención suele no ser más que nombrar. La atención efectúa su magia creadora, y su varita mágica es la palabra. Según Tácito, los germanos no tenían una palabra para designar el otoño, como sí las tenían para la primavera, el verano y el invierno. ¿Deberíamos concluir que el otoño no existía en Alemania? ¿O somos nosotros los que tenemos una palabra extra? Un inconveniente de la globalización es que nos obliga a un esfuerzo casi imposible de la imaginación para concebir otras civilizaciones que tengan, o no tengan, que es lo mismo, palabras extras para nombrar lo que no sabemos que existe. Cuántos otoños nos estamos perdiendo por no tener su nombre. O al revés, con cuántos inconvenientes y preocupaciones nos estamos cargando por haber nombrado lo que no debía existir. Quizás todas las palabras son palabras extras.

Sucede que el otoño es la estación ideal de Buenos Aires, la que siempre les recomiendo a mis amigos extranjeros para sus visitas. El verano es demasiado caluroso, el invierno frío y gris, en primavera llueve mucho. En abril y mayo se suceden los días perfectos. Pero ¿perfectos para qué? El otoño no es una cosa sino una historia. Y al llegar a este punto, me doy cuenta de que en estas divagaciones he estado haciendo caso omiso del tiempo. Ya la fantasía con la que empecé, la ciudad de los árboles, era una fantasía del instante. Quizás porque el modelo sobre el que la pensé era el mago en el escenario haciendo desaparecer un conejo. La magia suele no ser más que un escamoteo del tiempo, que a su vez no es más que una sucesión de causas y efectos.

Pues bien, la causa y el efecto de todas las historias es la Historia. Y termino con ella. "La Historia es discreta", dijo Borges. Lo es, realmente. Y no solo porque sus signos solo pueden leerse según perspectivas no inventadas aún, sino por los fenómenos de la mala conciencia que compiten con los de la persistencia óptica estudiados por los psicólogos de la Gestalt. Borges suponía correctamente que la Historia es lo que nadie puede ver. A la luz de mi propia experiencia histórica, he empezado a sospechar que es también lo que nadie quiere ver. Es lo que vio el Buda en su primera salida a la ciudad en cuyo centro feliz había vivido, como hoy nos empeñamos en vivir en los barrios elegantes: la enfermedad, la pobreza, la muerte.

Tomemos uno solo de esos puntos ciegos, la pobreza. Ciego por motivos de Historia y de historias. Desde mediados del siglo XX, la convivencia visual de ricos y pobres, en las ciudades del tercer mundo, se ha visto alterada por un tercer estado, el de la miseria urbana. A la miseria le llevó estos sesenta o setenta años, y la caída de todos los intereses políticos mediante los cuales percibíamos a la sociedad, para cerrarse sobre sí misma y constituirse como un mundo aparte y definitivo, ya no imbricado y provisorio como la vieja pobreza.

El escándalo que produce es el de un anacronismo espacio-temporal, el trabajo de supervivencia básica del campesino o el primitivo trasplantado a la ciudad. La circulación de la miseria por las calles reveló que las ciudades fueron siempre, y siguen siendo, un territorio al que se entra por negociación o por violencia. Para existir, la ciudad debe postular un exterior, pero un exterior que siempre se está haciendo interior, en un juego de figura y fondo, como los bordes de la copa, que también pueden verse como dos perfiles enfrentados.

La contradicción principal dejó de ser "ricos-pobres" y pasó a ser "nosotros-ellos", como siempre que se trata de mundos aparte. Salvo que la televisión, filtro perceptivo que tomó el relevo de la máquina hábito-interés, borró el nosotros por necesidades del relato y la reproducción, generalizando la ventriloquía o el doblaje. Ahora, todo es "ellos", y nadie habla por sí mismo. Es una situación eminentemente antiliteraria. De ahí que el escritor que quiero seguir siendo, a pesar de todo, se haya esforzado por crear las condiciones de un discurso que nadie, o al menos nadie en sus cabales, quiera compartir.

Antes mencioné mis caminatas matutinas. También las hago vespertinas, a la hora entre perro y lobo, en que los vecinos han sacado la basura y todavía no han pasado los camiones municipales, que se la llevan. Un ejército sombrío recorre las calles entreabriendo las bolsas en busca de su sustento. Ellos han restituido el nivel de la supervivencia que nosotros habíamos dejado atrás, en alas de nuestros múltiples intereses. Antes de dejar de verlos, en el instante que precede a la ceguera del hábito, me hago tiempo para preguntarme: ¿por qué se resignan a un trabajo tan penoso en lugar de matarnos? ¿Por qué no nos roban y nos matan si ya están entre nosotros y nos tienen tan a mano? ¿Será que se creyeron el cuento de la gallina de los huevos de oro? Aunque nuestro oro se ha degradado a cáscaras de fruta y botellas vacías.

¿O será que nos tienen miedo? Creo que esa es la respuesta correcta. Temen una represalia y, a juzgar por lo poco que tienen que perder, que no es más que la desesperación de sus vidas sin horizonte, yo diría que temen una represalia de inaudita y casi inimaginable ferocidad, un exterminio, cosa que debería asombrarnos. Nos hemos pasado años y décadas hablando mal de la violencia hasta llegar a un consenso unánime en su contra. El resultado de esa saturación discursiva ha sido perder de vista que la violencia puede ejercerse tanto como sufrirse. Lo que es otro caso de la copa y los perfiles, o los árboles y los edificios.

La escritura manuscrita[5]

Cuatro niñas hacían la ronda alrededor del viejo señor. Parecidas pero diferentes, se las diría hermanas, hijas de un mismo padre y de cuatro madres distintas. Sus vestidos blancos se levantaban y caían en el movimiento, que era incesante. Giraban muy rápido, tomadas de las manos, y aunque no se soltaban podían hacer un círculo de diámetro muy extenso gracias a que sus brazos, los flacos brazos rosados de niñas escolares, se estiraban como si fueran de goma. Sus risas cristalinas se sumaban a los cantos y las exclamaciones con los que acompañaban esa especie de danza circular, píos y gorjeos de una alegría sin objeto, que se alejaba, en una perspectiva mental. En esa misma perspectiva la iluminación intensa que generaba el aleteo de sus vestidos blancos, su luz y su loca energía se perdían en la media luz del salón inglés. ¿Por qué hacían lo que estaban haciendo? ¿Por qué no se quedaban quietas un instante? La respuesta estaba en el centro de la ronda.

En el centro, que era un ángulo del salón junto a la ventana, había un hombre entrado en años, muy corpulento, vestido con desaliño, la levita negra raída y

---

5. Rosario, 2013.

manchada, la camisa desgarrada y la peluca (esto sucedía en el siglo XVIII) torcida y con lampos negros, ocres y amarillentos en ominosas aureolas. Antiguas terribles enfermedades le habían desfigurado el rostro y le habían hecho perder un ojo. El otro casi no veía, por lo que cuando este hombre quería leer debía aproximar el libro hasta que casi le tocaba la nariz, y colocar la vela tan cerca que era cosa de todos los días que se le encendiera la peluca altamente inflamable, que él apagaba a manotazos; eso explicaba las zonas oscurecidas de la peluca, así como el negro de las manos.

Pero esa imagen, fijada por el girar loco de las niñas, no habría sido lo peor. Cuando se restablecía la realidad, el espectáculo se volvía horrendo, y se entendía por qué el grueso anciano estaba allí, apartado del resto de los presentes en el salón. Su rostro y sus manos estaban sujetos a movimientos incontrolables. Los tics iban en todas direcciones, y afectaban a todos los rasgos de la cara, hasta las orejas. La boca se torcía, hacia abajo, hacia arriba, se lanzaba hacia un lado como si uno de los pómulos se viese atacado por un ácido poderoso, o descubría los dientes en un gesto que si hubiera respondido a una reacción mental habría significado una furia bestial. La nariz se arrugaba como si hubiera percibido un olor pestilente, los ojos se abrían desmesuradamente, o se cerraban con fuerza, o parpadeaban con frenesí, la frente se plegaba, las mandíbulas se revolvían como las piedras de un molino. ¿Lo acosaban visiones atroces, tenía sueño, lloraba, lo asaltaba una idea inesperada, estaba comiendo cauchos negros? No. Todos esos movimientos obedecían a una mecánica involuntaria, efecto de nervios divagantes. La peluca chamuscada se sacudía al ritmo de estas contorsiones mórbidas, se sostenía por milagro en la cabeza.

Y esto no era lo peor. Porque cada mueca, o mueca y media, iba acompañada por una exclamación, un grito ahogado, un gruñido, un resoplido, el coletazo final de un aullido que caía por el palo enjabonado de la laringe. Estos sonidos inarticulados, bruscos, desgarrados ni siquiera estaban coordinados con los desarreglos faciales, o los estremecimientos del tórax, o el salto incongruente de las manos.

El síndrome de Tourette no estaba diagnosticado todavía. El médico francés Gilles de la Tourette no había nacido, y ni siquiera había habido una descripción pormenorizada de los síntomas. La primera la hizo el doctor Itard en 1825, y el caso que describió fue el de la vieja marquesa de Dampierre, de ochenta y seis años, que desde la infancia se había visto obligada a vivir en reclusión por la gestualidad involuntaria y la coprolalia que la acompañaba. En 1885 el doctor Tourette publicó su informe de casos de reflejos involuntarios, siendo asistente del doctor Charcot, quien hizo que el apellido de su discípulo entrara a los registros de la medicina como el nombre del síndrome. Tourette tenía entonces veintiocho años. Murió en 1904, a los cuarenta y siete. Desde entonces, en los ciento nueve años que corrieron desde su muerte, el síndrome que lleva su nombre se hizo más frecuente, a la vez que en los afectados se observaba una marcada disminución de los síntomas con el correr de la edad. El doctor Itard tenía cincuenta y un años cuando describió el caso de la vieja marquesa, sesenta años antes de la publicación del decisivo informe de Tourette. Murió en 1838, a los sesenta y cuatro años. En 1801, veinticuatro años antes del caso Dampierre, se había publicado su investigación sobre el niño de Aveyron. El cuatro por ciento de los niños entre los cinco y los dieciocho años mostraba una u otra forma leve del síndrome de Tourette. Los bebés, antes de que la mielinización de sus conductos nerviosos les permitiera mover a voluntad los músculos, parecían sufrir de formas inofensivas del síndrome.

Una señora que, por causa de vivir en pleno siglo XVIII, no sabía nada de esto, pero estaba presente aquella tarde en el salón de la señora Thrale, seguramente por primera vez, miraba con una mezcla de horror y conmiseración a ese viejo señor cuya máquina interna parecía haberse descompuesto muchos años atrás. Supuso que se trataba de un indigente recogido por piedad por la dueña de casa, lo que no estaba fuera del radio de su espíritu caritativo, pero aun así era intrigante que le permitiera salir de la cocina a alternar con sus invitados. Cuál no sería su sorpresa cuando un habitué del salón le informó que se trataba del doctor Johnson, rey de las letras, pontífice de la cultura insular y autor del *Diccionario*.

Una de las fórmulas más radicalmente extemporáneas con las que manifestó su pensamiento el doctor Johnson decía que "todo lo que hacía el hombre, lo hacía para ocupar el tiempo". Criminal, sastre, sacerdote, ajedrecista, todos hacían lo suyo por ese solo motivo, y cualquier otro que propusieran vendría en segundo lugar, o sería una piadosa invención para cubrir una verdad tan simple y abarcadora.

La actividad primordial de la ocupación del tiempo no era la del sastre ni la del criminal sino la de la escritura, porque era la que había conformado la civilización en la que había sastres y criminales. La mecánica del tiempo clamaba por su plena ocupación, y como ese clamor se producía en el presente, creaba la espera de la respuesta, un blanco, un vacío, que solo la escritura podía llenar. La escritura era la única actividad que ocupaba la clase de presente que no era el de intercalación, entre pasado y futuro, sino que era presente de ocupación. Las contorsiones y los gritos de lo involuntario, el sudoku de las fechas y las edades, el obstinado rechazo del lenguaje del niño de Aveyron ocupaban este tiempo en blanco. El método del doctor Itard había fallado por ignorar este hecho. El niño adoraba la leche. El doctor le hacía entender que le daría leche solo cuando dijera la palabra leche, "lait". La pequeña bestezuela humana podía llorar y patalear y desesperarse por la leche, pero no decía la palabra. Al fin Itard se rendía y le daba la leche; el niño bebía y entonces sí, solo entonces, decía "lait", para desesperación del pedagogo, que encontraba inútil la palabra en ese momento, ya sin su función de pedido. La palabra sin función, antes de que la recuperara la literatura, permanecía obstinada en el presente, en la espera y la postergación. Lautréamont, cuarenta y cuatro años después de la publicación del informe del doctor Itard, ocultó al niño de Aveyron en el nicho más remoto del bosque, dormido, remedo de la Bella Durmiente: el presente que esperaba el beso del tiempo para despertar.

El presente de ocupación de la escritura era el juego de los posibles de todas las ocupaciones con las que todos los hombres creaban tiempo despertando al presente. Las totalidades eran el juego del absoluto que se quedaba en el instante de la idea, en el entramado intelectual; la escritura al poner la idea sobre el papel hacía intervenir el cuerpo, y el tiempo. Pero el cuerpo que escribía quería, o debía, preservar el presente contra los embates literarios del antes y el después, de los antecedentes y las consecuencias. Para lo cual debía recurrir otra vez a la idea, al instante que relampagueaba como un tic en su cuerpo, y desaparecía. Podía ser desagradable de ver, esa incómoda contracción súbita. Se daba la curiosa situación paradójica de que ocupar el tiempo era lo mismo que desocuparlo. La escritura era una apuesta nihilista, el Todo que surcaba la Nada. Suprema paradoja: un Todo nihilista. Siempre había conatos de consecuencia, cuñas de publicación en la escritura, que se paralizaba y a la vez alcanzaba su máxima velocidad al verse frente a los efectos que debía evitar, y debía evitarlos todos para persistir como escritura y no ser archivada de antemano en los pesados armarios de la literatura. Era difícil, parecía imposible, porque los efectos eran el mundo, caían millones por segundo, eran sumamente seductores en sus dibujos siempre distintos, porque no había dos iguales; eran la tentación deletérea de lo dado literario.

La segunda fórmula del doctor Johnson, articulada a la primera, decía que "El que escribía por otro motivo que el dinero era un idiota". En negativo, como correspondía a un pensamiento genuinamente nihilista, la fórmula expresaba la gratuidad de la escritura, su absoluta inutilidad, tan absoluta como para participar en los juegos de ideas. Al menos mientras no la alcanzara la literatura, que acechaba en la idea. El doctor Johnson se refería a la escritura, no a la literatura; esta última tenía una relación más o menos normal con el dinero, y se idiotizaba, o idiotizaba a su operador, por el motivo opuesto. El dinero lo era todo, como podría serlo la escritura, gracias a no ser nada en sí. Era lo que no habría valido la pena llevar a una isla desierta: el dinero necesitaba de la sociedad como la escritura de la literatura.

La frase del doctor Johnson, en su original, decía "No man but a blockhead ever wrote, except for money". La dificultad de traducirla correcta y elegantemente estaba en que encerraba una historia. Una historia siempre era la historia de lo que había hecho alguien para ocupar el tiempo. El doctor Johnson ocupó el suyo acuñando fórmulas que hacían un uso aventajado del idioma que él había catalogado, intraducibles en su debida elegancia, y había dejado de hacerlo por escrito porque ya no necesitaba el dinero. Toda frase tocada por la traducción contenía una historia: la generación de esta era la misma perífrasis traductora. "No man but a blockhead...". Para descubrir la historia que había en la traducción de la fórmula era preciso cambiar el orden, empezar por otro lado... "Había una vez un idiota...". Toda la cuestión de la escritura se jugaba ahí, en el orden de las palabras.

Saussure, en los tres años que transcurrieron entre su último seminario en Ginebra y su muerte en 1913 en el castillo familiar de Vaud, se dedicó a descifrar hipogramas en verso y prosa de los autores latinos de la Antigüedad. En sus manuscritos, que quedaron inéditos y publicó parcialmente (con facsimilares) Starobinski en 1971, marcaba las letras que encontraba dispersas en un verso, escondidas en las palabras, formando una palabra secreta. Estas buscas confirmaban el orden de las palabras, que en el latín parecía tan caprichoso, y quizás lo era. Solo confirmando la existencia, que al fin quedó en la duda, de los hipogramas, el orden de las palabras se volvía inalterable. En realidad lo dudoso no era que el hipograma existiera, sino que fuera voluntario o no. Saussure no pudo asegurarlo. Le escribió a Giovanni Pascoli, el único poeta contemporáneo suyo que escribía poesía en latín, pero no recibió respuesta. Nunca supo si esas letras en el medio de las palabras, que reunidas mediante una brusca contracción formaban otra palabra, que explicaba el sentido secreto de la frase cuyo orden aseguraban... si esas letras estaban ahí involuntariamente, como hipos o tics.

Los libros de Saussure los tuvieron que escribir otros. En una carta decía: "Tengo un horror enfermizo a la pluma... La redacción me procura un suplicio inimaginable". Era rico, no necesitaba escribir, y los crucigramas latinos que se inventó en los últimos años lo ayudaron a pasar el tiempo. Era de los que no hacen un crucigrama si no tienen la solución al lado para ir mirando cuál es la palabra debida. El horror a la escritura se originaba en la condición sintáctica, en sus continuidades.

La relación intrínseca de la acción con el tiempo se daba bajo la forma del condicionamiento. Las condiciones determinaban lo que se hacía, y lo hecho a su vez se volvía un dato, que necesitaba de otros datos para establecer las condiciones de la próxima acción. Los años, los días, las horas, a la vez que contribuían a la acumulación de datos, poniéndose en orden sucesivo, constituían en sí una espera, porque la acción tenía que llegar en un momento dado, cuando hubieran madurado, en prodigiosa coincidencia, el optimismo y el pesimismo. El escritor, presa de la sintaxis, debía esperar interminablemente porque se le hacía difícil la elección de los datos disponibles, que eran innumerables, eran el mundo entero revuelto en la memoria. Parecía como si siempre fuera a haber un dato más. La elección era la postergación. La libertad de elección era la única libertad que había, y era difícil disfrutarla porque solo se daba en el tiempo perdido. Escribir era una pérdida de tiempo, en eso estaban todos de acuerdo, salvo que se lo hiciera por dinero. O salvo que ese tiempo perdido se transfigurara en escritura.

Memoria involuntaria, contracción involuntaria del rostro, de la frase. Proust y el doctor Johnson formaron una pareja simétrica e inversa, como la forma interna y externa de la postergación. Uno de ellos escribió toda su vida por dinero, y desde el momento en que ganó el Premio Nacional, que consistía en una pensión vitalicia equivalente a cinco jubilaciones mínimas, no solo dejó de escribir sino que afirmó que el que escribía por otro motivo que el dinero era un idiota. Mientras que el otro perdía el tiempo de su juventud en la frivolidad de los congresos de literatura y las ferias del libro, y en el último momento, con un pie en la tumba, escribió. Lo hizo con lápiz, en unos delgados cuadernos verticales de tapa dura con figuras femeninas *art nouveau*, reproducidos exactamente un siglo después, como souvenirs, precisamente.

A mí la literatura me impedía escribir. Era como un desarreglo nervioso en el que lo involuntario obedecía a la creencia. Le había dedicado mi vida a una cosa creyendo que era la otra. La literatura era la escritura formateada por el valor. Frente al presente bruto y nihilista de la escritura, la acción literaria desplegaba las alas de efecto mariposa en el tiempo: hacia atrás por los condicionamientos que la hacían posible, hacia adelante por la evaluación de la que sería objeto. Pero la literatura estaba toda hecha de elementos no literarios; era la escritura la que contenía en exclusividad el mecanismo interno que hacía literaria a la literatura, y la contradicción insalvable quería que la escritura no pudiera suceder en el momento, hubiera que dejarla para más adelante, para cuando el valor hubiera sido confirmado por los lentos camellos de la alegoría. La evaluación no podía sino referirse al precio de los datos que había en la anterioridad de los posibles. Los posibles múltiples se congelaban bajo los cielos negros de la espera, y cubrían a la escritura de un velo de irrealidad. El valor, si bien se presentaba (falazmente) como un resultado tardío, como un efecto creador de una causa, que venía a la rastra de los gestos constitutivos de la escritura, en realidad estaba todo enmarañado en los datos previos que pretendían hacer literaria a la escritura. En la épica póstuma de la lectura, que se parecía a las caravanas en el desierto, lo previo volvía a la superficie como información, el rastro de las pisadas de los camellos, que mientras tanto habían hecho todo el camino. Era el retorno de lo reprimido. Buscado como un posible entre otros, el valor envenenaba lo escrito como un estrato más de información. El canto de sirena de la literatura representaba la solución al viejo problema de distinguir el Bien del Mal. Liberada de la escritura como de un lastre peligroso por imprevisible, la literatura podía poner en escena un consenso, de libros buenos y libros malos, ya sin brutalidad ni nihilismo, por el contrario civilizado, acumulativo, ordenado, y tan sumamente gratificante que era un alivio sentir que por fin se había llegado a un sitio donde se podía decidir. No es que la culta discriminación y el buen gusto no tuvieran su propia brutalidad solapada, todo lo contrario. La verdadera crueldad comenzaba ahí, en las exclusiones y los asesinatos psíquicos. Todo servía para que hubiera perdedores, y efectivamente casi todos perdían.

Pero eso no era lo peor. Lo peor era que esa primera distinción que operaba el valor creaba campos sólidos, no por imaginarios menos sujetos a reglas arquitectónicas de composición de los sólidos; todo debía sostenerse, controlar los pesos, las densidades, el fin y el principio necesitados de equilibrio. Era como si la postergación tomara cuerpo, se volviera vigas, arcos, tabiques, una torre hecha de huesos humanos, cámaras de ecos, transmisiones a distancia. Cárceles y palacios, jaulas de oro, un patio lleno de camellos, cien para ser más precisos.

Por eso dije que la literatura me impedía escribir. Porque me obligaba a escribir una cosa, y dejar todo lo demás para cuando hubiera terminado. Cuando estaba escribiendo una cosa, no podía escribir otra. Era obvio, pero por serlo ponía en primer plano lo que tenía la escritura de ocupación del tiempo, ocupación total, porque era una ocupación con signos. Podíamos apearnos de los camellos alegóricos, con la mera significación bastaba para transportarse a la desesperación. La literatura, con su prestigio de milenaria convención madre, solidificaba el tiempo, lo volvía un cuerpo, al que no podía penetrar otro cuerpo. En esta imposibilidad se basó la refutación irónica que hizo Kant de las visiones de Swedenborg. Entre 1749 y 1756 habían aparecido los ocho tomos de *Arcana Caelestia*, enciclopedia de los espectáculos sobrenaturales contemplados cotidianamente por el místico sueco; que no siempre había sido místico; solo a partir de 1743, seis años antes de iniciar la publicación de su magna obra, había abandonado sus trabajos científicos. Siete años después de la aparición del último tomo Kant todavía lo consideraba un sabio digno de estima, si se daba fe a la autenticidad de las cartas a Carlota von Knobloch, y no se trataba de una falsificación de swedenborgianos ofendidos. Pero en los tres años siguientes Kant había cometido el error de adquirir la voluminosa obra, y leerla, y en 1766 publicaba el delicioso librito *Träume eines Geistersehers*, que se traducía como *Sueños de un visionario*, lo que seguramente era correcto aunque más literal y ajustado a las intenciones burlonas de Kant debería haber sido *Sueños de uno que ve fantasmas*. Si la carta a Carlota von Knobloch era auténtica, en los tres años que transcurrieron entre ella y el libro se jugó la importancia decisiva de haber leído, y haber leído ocho tomos enormes y aburridísimos como lo son todas las producciones de los locos. El fantasma, concluía Kant, ocupaba espacio pero lo dejaba penetrable, porque su ocupación no era de llenado sino de actividad. Eso me daba una coartada, al menos durante ese plazo de tres años en los que la lectura seguía en suspenso. El fantasma como actividad, empero, planteaba problemas mayores. ¿Había una escritura interna, "mental" o incorpórea, antes de la escritura sobre el papel? Solo un desarreglo nervioso, el que le diagnosticaba Kant a Swedenborg, podía postularla. El litigio entre los dos hombres era un combate de transparencias. La de Kant era la de la Razón, que aborrecía de todo lo que no pudiera demostrarse dentro de las categorías del tiempo y el espacio. La de Swedenborg era la del dibujo lineal, en el que a las opacidades había que imaginarlas.

Por culpa de la literatura, de sus pesados armarios, yo debía postergar el presente utópico literal, goce de la ocupación plena, que me daría la escritura. Esta habría debido ser no la del hilo obsesivo del loco que aplica indiscriminadamente las creencias a la realidad, sino la entrecortada por el tiempo y el espacio, la de la anotación, la escritura íntima del borrador, la que respondiera al estímulo instantáneo de una vida enriquecida por la atención, pero no la atención enfocada en lo que atendía sino la circular y volumétrica que había predicado Krishnamurti. Esa atención no podía ser lingüística, porque el discurso siempre enfocaba y no podía hacer otra cosa porque para eso estaba; de ahí surgía la tentación del dibujo. Habría debido ser la anotación en 3D, no tanto por la aplicación de las reglas de la perspectiva como por la acción de un cierto registro del cuerpo, que intervenía bajo la forma de la paciencia. Se habían aislado los movimientos básicos en los trazos primigenios, que algún día serían dibujos del niño de tres años. Eran tres: horizontal, vertical y "empuje". Lo que, si bien con frecuencia resultaba en un agujero en el papel, sugería esa tridimensionalidad que una fatalidad previa volvía literaria, representativa, valorativa y publicable. La pregunta era si no había algo antes, si debía resignarme a esa posterioridad de la lectura y la publicación.

La literatura estaba condicionada por la publicación, pegada a ella por lazos causales que aseguraban que todos los datos condicionantes pasarían a la lectura. La publicación proponía una recepción, y la recepción eliminaba la sintaxis propia de la escritura, porque el trabajo de establecer las continuidades del sentido ya estaba hecho, el sentido estaba fijado, y su relación con el lector se daba por una mediación pública. Al volcarse en el presente de la escritura, el escritor activaba en términos de sintaxis la presencia de un fantasma, el fantasma de un camello, el que se aparecía en el techo del cuarto del enamorado para preguntarle *Che vuoi?* ¿Qué quería? Quería escribir. Esa era una mediación íntima, no pública.

Entre 1915 y 1923, Duchamp había publicado las notas preparatorias al Gran Vidrio en la Caja Verde. En su mayoría no querían decir nada, ideas fugitivas que no sirvieron, o sirvieron para confundir, pero cada una había sido reproducida en facsímil fotográfico, en un papel recortado en la forma que había tenido el original. Amorosamente preservadas como instantes, habían sido trabajadas por la reproducción de una técnica exigente; todas tenían algo de dibujo. La obra de arte frente a ellas, en su patética dignidad de vidrio roto, era lo que la literatura a la escritura: su justificación, como reincorporación de los momentos heterogéneos de la idea. Una ingeniosa inversión había puesto el trabajo físico no en la escritura sino en su reproducción mecánica, cuya dificultad Duchamp se encargó de subrayar, pues habían debido fabricar clichés de cinc especiales que recortaran e imprimieran cada facsímil. Investigaciones posteriores establecieron que eso no era cierto, pero la fábula lo hacía más significativo. Quizás había llegado el momento de reconocer que la reproducción facsimilar de manuscritos era el mayor paso adelante que había dado la civilización occidental en el siglo XX. Bastaba pensar en la diferencia entre una actividad tan abyecta y soez como la de coleccionar manuscritos, y el pasatiempo culto y refinado de coleccionar facsímiles de manuscritos. (Sin hablar de la diferencia en los precios).

Había una belleza rara ahí, una belleza que respondía a un gusto adquirido, porque nadie encontraba naturalmente bello un manuscrito. Pero la belleza siempre debía ser rara, porque era la belleza propia del aura, la huella de lo único y de la resurrección del instante. El aura era una infección, porque así como lo reprimido era igual al retorno de lo reprimido, y por la misma razón, el aura era igual a la reproducción del aura. La belleza propia del aura estaba en la miniaturización, que era un fenómeno asociado a la reproducción. *La Giocon-da* en una gota de agua, *La ronda de noche* en la cáscara de un huevo. La miniatura estetizaba automáticamente, el microscopio hacía lugar donde no lo había, para meter en el agujero un poco de belleza. Los manuscritos de Walter Benjamin, conservados en las criptas de la Hamburg Foundation, también habían sido objeto de una reproducción facsimilar, pero se la había hecho en sus dimensiones reales. Benjamin cuidaba la belleza facsimilar de su escritura básicamente por el tamaño. Una fotografía podía ampliarse o disminuirse, pero el trabajo original de escribir solo podía ir en dirección de la disminución. Benjamín hacía una correlación entre el tamaño de la letra y el valor del texto a publicar. "Estoy muy contento y esperanzado en mi trabajo", decía en una carta del 9 de junio de 1926 a Jula Radt-Cohn, "porque entro en un período de letra chica". Su objetivo era llegar a meter cien renglones en una página de las libretas que usaba. Nunca lo logró; el máximo al que llegó fue de ochenta y nueve renglones. Se había fijado una meta no solo difícil de alcanzar, sino imposible, como la ambición de doblar sobre sí mismo un papel nueve veces. Quizás lo hizo para dotar de una necesidad lógica a la práctica vertiginosamente contingente de la escritura.

Los ocho pliegues del papel eran los que se hacían para confeccionar un libro. Y de los libros impresos se habían hecho facsímiles, para recuperar la sensación que tuvieron sus primeros lectores cuando el valor de ese libro dentro de la literatura estaba en el grado cero. El noveno pliegue, impracticable, era el de la imposibilidad lógica de ese libro, o de su nacimiento. Sin embargo, en el facsímil de *La temporada en el infierno*, de Rimbaud, que preparó Alain Bohrer para la edición del centenario, había podido verse que aquella impresión original tenía dieciocho páginas en blanco, que ninguna reedición respetó. Era como si un doble noveno pliegue hubiera rescatado el papel para la escritura imposible.

En la Biblioteca de Babel no había páginas en blanco. Habrían creado un segundo juego matemático sobre los absolutos de la significación. Esta a su vez se habría visto enriquecida de un modo incalculable con los manuscritos. Los tipos móviles creaban por su propia naturaleza una combinatoria, que el manuscrito desmentía con las cuatro niñas alegóricas, las hijas del facsímil. Giraban alrededor de las dos proposiciones fundantes de la escritura, la de la ocupación del tiempo y la del dinero, y las modelaban cada una a su manera. Una de ellas llevaba por nombre Caligrafía, expulsada de las escuelas desde la emigración de Bouvard y Pécuchet; nunca había tenido sentido, pero lo había cargado pacientemente sobre sus hombros delgados; había ido a recuperar su gratuidad al Oriente, como lujo de lo espontáneo y de una segunda belleza adquirida.

"Yo no escribo a mano", me decía un escritor, "porque no me entiendo la letra". ¿Pero no recordaba lo que había querido escribir, la idea? Al no haber ocupado tiempo, la idea seguramente habría podido evitar un olvido tan inoportuno. Pero el tiempo de la escritura, la lentitud, se olvidaba a sí misma, como un jeroglífico. El manuscrito no era para leer, solo para escribir. Glifos mayas que descifraron los rusos durante la Guerra Fría y publicaron en el cielo nocturno con fuegos artificiales, al otro lado del Muro de Berlín, burlándose de los filólogos norteamericanos.

Ya desde antes era una cuestión de poder. ¿Por qué los médicos tenían una letra incomprensible, retorcida, deforme? Porque había habido un momento en que se prohibió que redactaran las recetas en latín. Al tener que hacerlo en la lengua vernácula, perdían el nimbo chamánico que colaboraba con su poder curativo. Para recuperarlo optaron por la escritura incomprensible, que seguiría funcionando como fórmula mágica ya que se entendería menos todavía que el latín. Podía haber una explicación menos histórica, pero sonaría a excusa o justificación: codificar el mensaje de modo que solo lo entendiera el farmacéutico, ya que la manipulación de productos químicos potencialmente peligrosos no debía dejarse a cargo de legos.

El poder dictaba estas maniobras, como casi todas las demás. La escritura manuscrita había conservado la propiedad, que venía desde los albores de la civilización, de marcar la divisoria de agua entre amos y esclavos. La tipografía había democratizado solo a la lectura. El dominio infantilizaba. Si la belleza de un manuscrito era una belleza que se aprendía, y la caligrafía ya no se enseñaba, lo que quedaba como valor era la perfecta inteligibilidad, una transparencia que por curiosa paradoja tenía por objeto ocultar los defectos de la personalidad. La tipografía tuvo por efecto privatizar el manuscrito, y la caligrafía actuaba como una obsesión.

La relación de la caligrafía con la escolaridad le daba a la escritura un matiz correccional; de lo que se trataba era de ocultar los vicios secretos, las fallas de la formación, que una disciplina astrológica se proponía sacar a luz: la grafología. La caligrafía mutó en test grafológico. En previsión de revelaciones incómodas se decidió ocultar la escritura, tras la publicación, y esta arrastraba consigo a la literatura, que traducía la expresión de la personalidad a términos mitológicos, de romance y aventura. Sin embargo, sus vistosas metamorfosis no alcanzaban a disimular que la literatura seguía siendo un campo de exclusiones y asesinatos psíquicos. Las expectativas interiores no se colmaban. El fracaso, las críticas negativas, las ventas escasas, y sobre todo el desorden intacto en la ocupación del tiempo, producían una marcada insatisfacción. La insatisfacción consigo mismo, el sentimiento de culpa por haberse dejado vencer por lo involuntario llevaron a Levrero a intentar cambiar su personalidad cambiando la letra, invirtiendo los lugares respectivos de la causa y el efecto, con ejercicios cotidianos que fueron publicados en libro bajo el título *El discurso vacío*.

La idea parecía demasiado excéntrica para no ser única, pero ya se le había ocurrido a alguien antes: a un escritor norteamericano, William Gass, y también por insatisfacción, aunque más preventiva que restauradora. Siendo muy joven, y sintiéndose amenazado por el caos emocional que producían en su casa su madre alcohólica y su padre violento, se pasó meses reaprendiendo a escribir con una severa letra rígida y regular, que parecía, según sus palabras, "alambre de púas", y cumplía esa función precisamente, la de protegerlo de los desbordes de la histeria familiar.

Levrero decía que los años que pasó en Colonia, donde llevó a cabo la experiencia, fueron su "temporada en el infierno". La evocación de este libro no debía de ser casual. Su perfección de objeto de culto, la satisfacción plena de haberlo escrito, recubría el malestar incurable de los condenados, y el repudio de la literatura. El fetiche estaba agujereado por las dieciocho páginas en blanco del facsímil. El síndrome de Tourette, los huecos súbitos en el trabajo de la voluntad, mutaba en el síndrome de la página en blanco, el bloqueo creativo que solía resolverse escribiendo el diario del bloqueo, y poniendo patas arriba la causalidad a expensas de la caligrafía grafológica.

La grafología se basaba en el supuesto de que la personalidad, con sus vicios y virtudes, era representable. Y la escritura podía hacerlo, volviéndose runa psíquica. Pero en un escritor, en el que la representación es un trabajo publicable, y está sujeto a convenciones previas, se volvía tipografía, combinatoria de signos dirigidos por la idea. La personalidad que no satisfacía a su propietario durante la escritura no tenía otro recurso que estetizarse, proponerse como soporte de una calidad determinada y determinante, de una evaluación.

Un antecedente inmediato de Levrero había sido Felisberto Hernández. Insatisfecho no tanto consigo mismo, aunque tenía motivos para estarlo, como con su situación económica, intentó mejorarla patentando un curioso invento: una taquigrafía perfeccionada. Sin duda era un modo de ganar dinero con la escritura, y nadie habría hecho taquigrafía por otro motivo. Era además un modo de intervenir en la velocidad, que al tratarse de literatura se hacía extremadamente lenta, como que se retrasaba en las postergaciones de la memoria. Seudoescritura en jeroglíficos rápidos, para capturar exhalaciones o fijar vértigos, la taquigrafía tenía de extraño que era la escritura de lo que no se escribía. Pero ponía a la escritura en una posición peculiar, de peculiar inferioridad, subordinada al dictado pero indescifrable para el que dictaba, como un baile de las sillas del poder. Una suerte de intimidad pasajera, como si un médico se escribiera una receta a sí mismo.

Sea como fuera, la tercera niña, la Taquigrafía, era la escritura con salida laboral, todavía dentro de la ley. Había una progresión ahí entre ellas, desde la gratuidad de la Caligrafía, el fraude ingenioso de la Grafología, el trabajo honesto de la Taquigrafía... La ronda estaba casi completa. La cuarta niña, que cerraba y reiniciaba el círculo, era la Falsificación. Estaba en la raíz de las otras tres, era su sombra, quizás su destino, y la que definitivamente no podía hacerse sino por dinero. También podía ocupar una buena porción de tiempo, porque había que hacerla bien. De cualquier modo, y por bien que se la hiciera, según los peritos había una señal infalible para detectarla: un casi imperceptible temblor en el trazo, solo visible en una reproducción fotográfica ampliada ocho veces. Ese temblor delator era el retorno de lo involuntario a la matriz de la escritura, de donde en realidad no se había ido nunca.

Un artista argentino, Fabio Kacero, había escrito manuscritos de Borges perfectamente indistinguibles de los que escribió Borges. Lo había hecho no por dinero sino por arte, aunque el arte, por ser contemporáneo, tenía sus propios modos indirectos de llegar al dinero. Yo habría querido reunir los facsímiles de todos los manuscritos de Borges escritos por Fabio Kacero. En su lugar, tenía en la pared de mi cuarto la foto enmarcada de otra obra suya: era un viejo despacho, probable oficina de repartición pública, desafectado y abandonado, con los escritorios, armarios y estanterías cubiertos de nieve. Había nevado bajo techo. Sin justificación aparente, se había puesto el exterior en el interior, de modo de convivir con él, se había puesto al alcance de la mano el paisaje, el clima, el mundo, en el lapso de la nieve y del abandono. Era lo que Kant habría llamado una precipitación subrepticia, la nieve de los fantasmas. La poesía de lo imposible había traído el pasado a la casa, para examinarlo. Pero el tiempo no hablaba, era solo el silencio que se acumulaba sobre los muebles, un criadero de nieve, como una tristeza sin causa, cuando se suspendía la realidad. Un artista que no sabía que era artista, Wilson Bentley, norteamericano de Vermont que murió en 1931 y fue el primer hombre en fotografiar un cristal de nieve, además de haber dilucidado el proceso de su formación y su estructura, acuñó la fórmula "no hay dos iguales". Estos cristales tenían un milímetro de diámetro, un vigésimo de milímetro de espesor, eran hexagonales, y su dibujo interior era estrictamente simétrico. Y ese dibujo no se repetía nunca, en los innumerables millones de cristales de cada copo de nieve de cada nevada, a lo largo de toda la historia del mundo. Bentley, un humilde granjero que nunca se casó, vivió enamorado de la nieve, sin salir casi del pueblo de Jericho donde había nacido. "No recuerdo una época de mi vida en la que no haya amado a la nieve más que a cualquier otra cosa en el mundo, exceptuando a mi madre". Al cumplir quince años, la madre le regaló un viejo microscopio que había usado en su trabajo de maestra rural. "Bajo el microscopio descubrí que los cristales de nieve eran milagros de belleza, y me pareció una pena que esa belleza no pudiera ser vista y apreciada por los demás. Cada cristal era una obra maestra del dibujo; y esos dibujos no se repetían nunca. Cuando se derretía, ese dibujo se perdía para siempre. Toda esa belleza se desvanecía, sin dejar ningún registro. Me poseyó el deseo de mostrarle a la gente algo de esta maravillosa belleza, la ambición de volverme, de algún modo, su preservador". Al principio trató de dibujarlos, como ya habían hecho otros naturalistas antes que él. Le resultó frustrante e insatisfactorio. Los cristales se derretían en muy poco tiempo. En menos de un minuto empezaban a perder sus contornos nítidos, y su diseño solía ser diabólicamente complicado. Debía trabajar en un lugar sin calefacción, con temperaturas bajo cero, lo que hacía difícil manejar el lápiz con la mano sin guantes. La solución era la fotografía, técnica que entonces estaba en sus comienzos. En 1882, a los diecisiete años, obtuvo del padre los cien dólares necesarios para comprar una cámara Kodak. Comenzó el laborioso proceso de adaptar la cámara y el microscopio para obtener una microfotografía, de la que no había antecedentes. Debió inventarlo todo, y lo hizo sin ayuda, con el método de prueba-y-error, y con gran despliegue de ingenio y paciencia. Le llevó cuatro años poner a punto el dispositivo. En el invierno de 1884 hizo las primeras pruebas, que fallaron. En el siguiente, el 15 de enero de 1885, poco antes de cumplir los veinte años, reveló el primer negativo de un cristal de nieve, y fue el primero en hacerlo. El procedimiento, que siguió sin cambios en los siguientes cuarenta y cinco años, consistía en tomar muestras de nieve en una bandeja pintada de negro; cuando veía un cristal entero corría al cobertizo, lo transfería a la placa del microscopio con una pajita, lo alisaba con una pluma, y después de ajustar el enfoque accionaba el objetivo de la cámara previamente cargada con una placa. Su legado fueron las miles de fotos de cristales de nieve, catálogo irrepetible de hexágonos al que dedicó su vida. Nunca bebió ni fumó, para mantener el pulso perfecto que necesitaba en su trabajo.

Sobre el realismo[6]

Del cuento famoso de Aladino, que leemos en *Las mil y una noches* aunque es muy anterior a esta recopilación, varios siglos anterior, recordamos sucintamente el comienzo: Aladino, un muchacho pobre, se encuentra con un brujo que lo convence de bajar a una cueva estrecha a buscar una lámpara que hay en el fondo. El chico, flaco por el hambre que pasa, puede entrar donde el robusto brujo quedaría atorado. Encuentra la lámpara, pero cuando el brujo le pide que se la alcance, sin mostrar intención de subirlo a él, sospecha que intenta dejarlo ahí y se la niega. El brujo, enojado, cierra la entrada con una piedra y se marcha. El pobre Aladino, desolado, se larga a llorar. Las lágrimas caen sobre la lámpara que tiene en las manos. Para secarla la frota, y entonces aparece un genio que le dice que está ahí para satisfacer cualquier deseo que manifieste. Aladino en ese momento no tiene otro deseo que estar en su casa con su madrecita. No ha terminado de decirlo cuando el deseo se cumple: ya está en su casa.

Retoma su vida habitual, como si nada hubiera pasado. Vive con su madre viuda, son pobrísimos, pasan

---

6. Santiago de Chile, 2010.

privaciones. Una noche, se van a la cama con el estómago vacío. A la siguiente, lo mismo. Entonces el joven recuerda las palabras del genio en la cueva: que estaba a sus órdenes para satisfacer cualquier deseo que tuviera. Pues bien, ahora tenía hambre. ¿Qué le costaba probar? Frota la lámpara, aparece el genio, y Aladino le pide algo de comer, para él y su madre. El genio accede: aparece en el miserable cuarto, servida sobre manteles de las más finas telas, en vajilla de plata, una cena de los más exquisitos manjares. Aladino y su mamá comen hasta hartarse y se van a dormir. Por supuesto, dados sus hábitos frugales, no han comido todo; han guardado lo que sobró, que es mucho, y de eso se alimentan en los días siguientes. Al fin, la provisión se termina, por más que la han ahorrado. Vuelven a pasar hambre, hasta que a uno de los dos se le ocurre que esos hermosos platos, fuentes y cubiertos de plata deben de tener valor. Aladino toma un plato, va a la ciudad, busca un platero o joyero, y encuentra uno que le compra el plato y le paga por él una suma que para el joven es grande. Con eso compra comida, que ahorra con su madre y le dura varios días. Después, vende otro plato. Y otro, y otro. El genio ha servido esa cena con la mayor esplendidez, sin ahorrar vajilla. Hay fuentes también, también de plata, con delicados trabajos de orfebrería. Si por cada plato le pagaban una moneda, por cada fuente le pagan dos. Y así va vendiendo todo, hasta llegar a la última cucharita, por la que recibe una moneda de poco valor pero con la que alcanza para comprar un puñado de arroz que hacen durar varios días. Al fin, se ha acabado todo. Vuelven a pasar hambre. Y, ya sea porque el hambre aguza el ingenio o por alguna otra razón, Aladino vuelve a pensar en la lámpara, que ha quedado arrumbada todo este tiempo en un rincón. Se decide a frotarla, y aparece el genio, solícito. Le pide comida. El genio, lo mismo que antes, sin mostrar la perplejidad que seguramente siente, hace aparecer de inmediato una espléndida cena, en vajilla de plata... Aladino y su mamá vuelven a comer opíparamente, y dado lo abundante de la magnanimidad del genio sobra y alcanza para varios días, y una vez terminada hasta la última migaja, recomienza la rutina de la venta de la vajilla. Aquí Aladino descubre que el platero al que le ha estado vendiendo le estaba pagando menos de lo que correspondía, aprovechándose de su ingenuidad; lo descubre porque un colega y competidor se entera de estas transacciones y le ofrece un precio mejor. Con lo que esta vez el dinero alcanza para comprar más comida, y el provecho obtenido de la venta de la vajilla dura más tiempo. Recordemos que Aladino y su madre siguen tan absolutamente pobres como antes y como siempre. Cada moneda obtenida por la venta de un plato o una fuente o un cubierto de plata va inmediatamente a la compra de comida, y esta comida es consumida, con parsimonia pero hasta terminarla, antes de realizar una nueva venta. Aun con esta duración extendida, la vajilla se termina. Otra vez desprovistos, Aladino y su mamá vuelven a pasar por la cruel experiencia del hambre. Pero, ya alertado de las posibilidades a su disposición, Aladino vuelve a frotar la lámpara, etcétera.

Hay algo raro en esto, algo casi demasiado raro aun para nuestro gusto literario del siglo XXI que ya ha pasado por todas las rarezas. Reconocemos mecanismos del relato primitivo de todas las civilizaciones: la repetición, la obstinación, una cierta minucia práctica, y sobre todo algo que a nosotros nos parece anterior a la psicología, un psicoprimitivismo. Es como si el personaje, en lugar de actuar motivado por causas razonadas por él, lo hiciera obedeciendo a una suerte de "máquina de actuar" que es el relato mismo. En suma, diríamos que esto "no es realista", con lo que nos revelamos a nosotros mismos que definimos el realismo por la identificación psicológica con los personajes. No la mera identificación con el prójimo que podemos sentir en la realidad, sino, precisamente, la que vuelve realidad vicaria al personaje y con ello lo extrae del mecanismo del relato en el que vivía. Es como si nos propusiéramos ignorar que Aladino es un artefacto verbal, y quisiéramos tenerlo sentado frente a nosotros para explicarle un par de cosas. Decirle, por ejemplo, que podría pedirle al genio de la lámpara un millón de monedas de oro, y una bonita casa en lo alto de una colina, y setecientos camellos... Es cierto que así dejaría de existir el cuento. Pero no nos importa. El realismo así entendido desarticula todo cuento por las líneas de una causalidad psicológica muy particular: la nuestra.

Esta misma intervención violenta en la trama visible del relato, al extraer a los personajes de su contexto verbal, produce un distanciamiento, que adopta la forma de la impaciencia. Cuando llegamos a la tercera cena, y anticipamos la parsimoniosa venta, una vez más, de los platos y los tenedores, ya estamos maduros para gritarle a Aladino que no sea tan estúpido. Y esto no solo pasa con el relato primitivo, sino también con el perenne neoprimitivismo de la cultura popular. Pasa con esas películas en las que la mujer que está sola en la casa, a la medianoche y con un corte de luz, oye un ruido en el sótano, y baja a ver. Siempre baja, aun temblando de miedo y con cara de terror. Cuando la devora el monstruo o la descuartiza el asesino serial, sentimos que se lo merecía. ¿Por qué no fue a pedirle ayuda a los vecinos, o al menos salió a la calle? No. *Tenía* que ir a meterse en lo más oscuro, donde sonaban los gruñidos. Lo mismo el héroe policía que persigue al villano escaleras arriba (en lugar de pedir refuerzos, rodear el edificio, y quedarse esperando), y terminan a las trompadas en una cornisa a ochenta metros de altura, inútilmente. La pasión, la precipitación, la imprudencia, la lisa y llana estupidez son la carne y la sangre del realismo, si queremos llamar realismo a ese juego artístico que se completa al complementarse con lo más razonable y cartesiano de nosotros, sus consumidores.

Con el pobre Aladino entramos en una relación de distancia histórica: basta con que le pongamos el marbete de "precapitalista". Más cerca estamos del genio en la lámpara, de su perplejidad al verse desocupado. Si la lámpara hubiera caído en manos de un sujeto de la sociedad de consumo...

Efectivamente, si fuéramos nosotros, los hijos del capitalismo y la sociedad de consumo, los que dispusiéramos de la lámpara con su genio, la gastaríamos de tanto frotarla. Me pregunto si no sería excesivo; es decir, me pregunto si podría no ser excesivo... El exceso ya está en las premisas, o en la premisa principal, que es el deseo. Por ejemplo, si la tuviera yo. Dejemos de lado todo lo obvio, o después de habérselo pedido, y obtenido, ¿qué le pediría? Evidentemente dados mis gustos: libros. Los libros más raros, más difíciles de encontrar, todos los que quisiera... Pero, un momento. Los libros los quiero para leerlos, y en caso de tenerlos sin leer me sentiría en deuda. Y ahí, entonces, estaría en la misma situación, en el mismo mecanismo, del tonto primitivo de Aladino, del que estuve burlándome. El paralelismo es sorprendente: así como él no volvía a pedir otra cena hasta haber consumido la última migaja de la anterior, yo no pediría otro libro hasta haber terminado la última página del anterior. Y más aún: igual que Aladino prolongaba el beneficio de una cena vendiendo la vajilla, yo prolongaría el don de mi libro (como lo prolongo ahora, sin lámpara) tomando notas, releyendo, charlando con mis amigos sobre el libro. Me pregunto si este paralelismo no se dará en cualquier otro beneficiado del genio, pida lo que pida. ¿No será el sistema de Aladino el modelo de todo aprovechamiento racional del don? Es decir, de todo aprovechamiento que tome en cuenta el tiempo. El tiempo, padre de la realidad, le impone a esta su extensión, después del rayo instantáneo de la magia. En este punto hay que recordar una precaución fundamental: los dones de la magia se gozan en la realidad, y no en una realidad embellecida y pasada en limpio sino en la realidad menos mágica, la más chata y cotidiana. Inmediatamente de producirse la magia debemos volver a la realidad, pisar la tierra, y administrar en ella lo que obtuvimos. El realismo es de rigor. Si pretendiéramos prolongar la magia, perderíamos todo el placer de su beneficio. Es preciso hacer un corte radical. (Ahí estuvo, dicho sea entre paréntesis, el error y la perdición del llamado "realismo mágico", que en lugar de hacer ese corte radical devalúa los beneficios de la magia despojándola del respaldo de la realidad).

Deberíamos aceptar que primero está la magia, y la magia está siempre en el comienzo, y que no hay comienzo sin magia. La magia, o por otros nombres el milagro, lo sobrenatural, lo imposible. Lo dijo Picasso: "Todo es milagro, por ejemplo que al meternos en la bañadera no nos derritamos como un terrón de azúcar". Ahí es donde comienzan las historias. Después viene la realidad, para darle materia y sentido a esa historia. Todo lo que nos hace la realidad (frustrarnos, deprimirnos, envejecernos, matarnos) deriva de su duración y persistencia. Ha nacido del corte radical que hicimos inmediatamente después del prodigio mágico, y ya no va a interrumpirse. Resignados o no, tenemos que vivir en esa duración.

La lección del Aladino realista, entonces, sería esta: hay que aprovechar el don hasta la última migaja, con lo cual ponemos al tiempo, nuestro enemigo, a trabajar a nuestro favor. De ese modo el transcurrir insensato y destructor de la vida toma sentido. Hay un verso, una declaración de un programa poético, de un poeta argentino, Edgar Bayley, que dice: "Es infinita esta riqueza abandonada". Ahí hay algo de nostalgia, o de impotencia. La magia, por definición, nos ofrece el mundo entero, en toda su inagotable riqueza. Pero esa riqueza se despliega en un desierto, y atravesarlo es lento, engorroso, interminable, y sobre todo dolorosamente parcial. Da la impresión de que esa riqueza queda abandonada, porque una vida no alcanza para gastarla, ni dos, ni mil. Es inevitable que encontremos estúpido, imprudente, ignorante o corto de miras a cualquier protagonista de cualquier historia.

Dije que nos identificábamos más que con Aladino con el genio, con su perplejidad ante la poca lucidez de su indigente propietario. Pero observando con más atención lo que pasa, podríamos dudar de la perplejidad del genio. Sí, quizás está sorprendido y no lo dice: obedece el protocolo del fantasma y de los aparecidos en general, que solo hablan cuando se les dirige la palabra. Pero también es posible que no tenga nada que decir, y que le parezca natural la conducta de su joven amo. Después de todo, es un genio precapitalista.

No obstante, hay un tercero en juego: el autor. Aun anónimo, colectivo (lo mecánico-repetitivo viene de ahí, de la falta de un autor individual, o de un autor a secas), está poniendo una dosis de ironía. Lo que debemos preguntarnos es si se puede contar una historia como esta, con todo lo primitiva que sea, sin superar el nivel intelectual de Aladino, nivel en el que lo más llamativo es la escandalosa falta de imaginación. Quizás la conclusión a sacar es que el autor nunca es precapitalista; siempre es capitalista. Todos sus personajes pueden pertenecer a las eras arcaicas del trueque, o a la fábula, a la utopía o a la naturaleza: él no, él siempre será capitalista, aunque viva antes del capitalismo, o después (si es que hay un después), porque la noción de autor es coextensiva a la de un cierto tipo de acumulación-representación que constituye el núcleo de la idea del capitalismo.

¡Pero este cuento no es realista, es todo lo contrario! Es un cuento de magia. La incomodidad que produce se debe a que es un cuento de magia que procede con la materia del realismo. Si la premisa es la magia, estamos dispuestos a aceptarla, pero, para nuestra sorpresa, Aladino se niega a dar el salto causal de la magia, y elige el paso-a-paso de la realidad. Adopta una actitud que es la opuesta a la del lector, pues el contrato básico de todo lector de ficción parte de lo que Coleridge llamó famosamente "una suspensión momentánea de la incredulidad". A partir de esa suspensión se establecen nuevas reglas de realidad, parecidas, y hasta idénticas a las de la realidad primera, pero sostenidas en una convención. Aladino se niega, por juventud, inexperiencia o ignorancia, a firmar el contrato, y sigue operando con las reglas de la realidad primera. Es por eso que lo vemos como un intruso en el mundo mágico al que ha entrado desde que tomó posesión de la lámpara.

En esa frase de Coleridge ("una suspensión momentánea de la incredulidad") yo subrayaría la palabra "momentánea", de modo de traer a colación, una vez más, al tiempo. Porque de eso se trata, y de eso se trata siempre, del tiempo, cuando hablamos de alguna clase de manipulación de la realidad. La lectura de ficción es para el lector una burbuja de tiempo en el tiempo, un paréntesis en el tiempo dentro del cual también hay tiempo, pero otro. La "incredulidad" que rige el curso de la vida y se interrumpe en este paréntesis no es necesariamente incredulidad propiamente dicha. Creo que esa palabra, "incredulidad", designa en general a la percepción racional, motivada, de la realidad. Abrimos el paréntesis, o entramos a la burbuja, para liberarnos de esos encadenamientos causales. Pero una sofisticación (inevitable) quiere que allí adentro el discurso cree una representación de las mismas percepciones racionales, motivadas y causales de la realidad. Coleridge lo dice: "Aun en los sueños no imaginamos nada sin un antecedente, causa o cuasicausa. No podría ser de otro modo". A eso llamamos "realismo". Entonces la credulidad, que hemos asumido mediante la costosa renuncia a nuestra valiosa y útil incredulidad, no nos sirve de nada, se hace superflua... Se vuelve un lujo, uno de los lujos que con gusto le pediríamos al genio de la lámpara, si la tuviéramos. Y sucede que la tenemos: tenemos cientos, miles de lámparas maravillosas, en la biblioteca, en forma de libros, que nos darán todo el lujo que el tiempo nos dé tiempo a gozar.

Con su salto por encima de las causas y efectos, la magia elimina el tiempo. Y viceversa: el realismo en la novela es el registro de la ocupación del tiempo. Lo que hace Aladino, el Aladino realista que se recorta sobre la magia vendiendo plato a plato y comprando arroz barato, es "ganar tiempo", ganárselo a la pobreza y al hambre.

La lectura, cuando no es la lectura utilitaria de información o aprendizaje, la lectura de novelas, es una operación temporal ambigua. No sabemos si estamos perdiendo o ganando el tiempo, y nunca llegamos a una conclusión definitiva al respecto. Proust planteó el problema en un ensayo, "Journées de lecture", y lo respondió, a su modo, con esta intrigante propuesta: "Los días que hemos creído perder para la vida, porque los pasamos leyendo, son los que hemos vivido con más intensidad". Desarrolla esta idea con el relato de un día de verano de su infancia, de la mañana a la noche, enteramente dedicado a la lectura de una novela de capa y espada, y del que sin embargo, cuarenta años después, recuerda cada sonido, cada olor, cada matiz del cielo, cada conversación de su abuelo y sus tías... No sé si se lo podrá explicar por algún mecanismo psicológico, pero todos los lectores hemos sentido la duplicación, o, mejor, intensificación, de la vida, que se produce cuando entramos en esa suspensión narrativa dominada por el adverbio "momentáneamente".

La incredulidad, entendida como la desconfianza y la crítica, es la virtud sin la cual seríamos arrollados por la realidad. Es un elemento clave de la supervivencia en sociedad, y aun fuera de ella. La expresión tan común "no lo puedo creer" indica que la credulidad (y hasta la creencia) exigen un esfuerzo, no son lo natural y dado. Lo que "no podemos creer" es lo que nos dicen. Necesitamos verlo, ¡y aun así! La lengua tiene eso. Una vez que se ha oído una sola mentira ya no se puede creer nunca más. Es el problema de la comunicación lingüística; de hecho, todo en la lengua remite a la creencia, a una suspensión de la desconfianza. Por eso se dice "ver para creer". Pero lo que vemos también nos puede engañar, y es preciso recurrir a pruebas suplementarias. El emblema de las prostitutas de Roma era una mano abierta con un ojo también abierto en la palma: creían en lo que se les decía solo si lo veían, y luego creían en lo que veían solo si lo tocaban, es decir, si les ponían el dinero en la mano. Hay una escalada: de la palabra al ojo, del ojo a la mano. El arte religioso, destinado a suplir en la imaginación, con su materialidad, la falta de pruebas materiales de la divinidad, avanza por necesidad hacia lo tangible, y por esa vía se justifica la teoría de Bernard Berenson de ver la culminación de la pintura renacentista en los valores táctiles que sugieren el claroscuro y las veladuras.

Es cierto que la incredulidad suspendida no es lo mismo que la credulidad. Y, si bien trémula y cambiante, hay una diferencia entre credulidad y creencia. Norman Douglas, el escritor inglés, hace una perspicaz observación al respeto. En su libro sobre la vieja Calabria, dedica un largo y desopilante capítulo a las creencias religiosas del pueblo del sur de Italia. Abundan los santos levitantes, o directamente voladores, y se cree en sus vuelos a pie juntillas. O los santos que además de volar producían resurrecciones a pedido, como el venerable fray Egidio de Taranto, especializado en revivir animales muertos. De este cuenta algunos casos como el milagro de las anguilas: "Un pescador había traído una buena cantidad de anguilas al mercado para vender, y grande fue su disgusto al ver que habían muerto durante el viaje (en el sur de Italia nadie compra anguilas muertas)". Por suerte vio llegar al santo en un botecito, que le informó que las anguilas "no estaban muertas, solo dormían", y las despertó mediante una reliquia de san Pascual que siempre llevaba consigo, después de un cuarto de hora de plegaria. Las anguilas, dice el biógrafo del santo, que habían estado muertas en un montón gelatinoso, ahora volvieron los vientres hacia abajo y se retorcieron en espiral como hacen siempre; una exclamación se alzó entre los testigos, y la fama del milagro de inmediato se extendió a todas partes. Podía hacer lo mismo con langostas, vacas y seres humanos.

"Así lo hizo por ejemplo con una vaca que pertenecía a su monasterio: una vez fue robada por un carnicero impío, sacrificada y cortada según los cortes usuales, con vistas a vender la carne. El santo descubrió los restos del animal, ordenó que los juntaran en el piso en la forma de una vaca viviente, con las entrañas, la cabeza y lo demás en sus posiciones naturales; tras lo cual, y tras hacer la señal de la cruz con su cordón sobre la bestia muerta, y poniendo en ello toda su fe, le dijo: 'En el nombre de Dios y de san Pascual, ¡levántate, Catalina!' (Catalina era el nombre de la vaca). Al oír estas palabras el animal se sacudió y se puso de pie, viva, entera y fuerte, tal como había estado antes de que la mataran".

Douglas dice que a un inglés culto como él, o a un hombre civilizado de cualquier nacionalidad, esto le provoca una sonrisa condescendiente. Pero observa que en las cultas y civilizadas naciones nórdicas también hay gente religiosa, cristianos que van a la iglesia y creen, algunos, quizás la mayoría, firme y fervorosamente. Y si creen, por ejemplo, que Jesucristo resucitó al tercer día, bien podrían creer en la resurrección de la vaca, o en los vuelos planeados de los santos, porque no hay una diferencia esencial entre ambas cosas. Ve ahí solamente una diferencia en la distribución de la creencia: "Ultracrédulo respecto de un conjunto de relatos, al inglés no le queda credulidad para otro conjunto; concentra sus energías de creencia en un pequeño espacio, mientras que las de los italianos están diluidas en un área extensa".

Esas distribuciones, llevadas al plano intraindividual y hedónico, son las que hace el lector en su psiquismo para mejor gozar de la lectura de las novelas. El autor de esas novelas ha debido tomar en cuenta, para hacer bien su trabajo, el diferencial del nivel de espesor, espacial y temporal, de la "suspensión momentánea de la incredulidad".

Para apreciar esto más en concreto, hay que notar un hecho histórico, abundantemente documentado en las biografías correspondientes: lo asombrosa, escandalosamente crédulos que fueron todos los grandes novelistas realistas del siglo XIX: espiritismo, profecías, visiones, apariciones, curas milagrosas eran moneda corriente en Victor Hugo, Tolstói, Dostoievski, Dickens, Balzac, al tiempo que constituían sus sólidos edificios novelísticos, cargados de realidad hasta la última cornisa, aunque siempre con un sótano sobrenatural. Algunos casos son sorprendentes: Dickens escribió una de sus mejores novelas, *Bleak House*, con el solo propósito de poner en escena un caso de combustión espontánea, una ridícula teoría de la época según la cual un hombre podía encenderse de pronto, porque sí, y reducirse a cenizas en instantes. Por supuesto que no había pruebas de que tal cosa ocurriera, o hubiera ocurrido nunca. Nadie había visto encenderse a nadie y quemarse en su propio fuego. ¿Cómo podía creerlo un hombre culto e inteligente como Dickens? Más extraño aún: ¿cómo podían creerlo sus lectores, los lectores que aprendían en sus libros cómo funcionaba el mundo real? Lo cierto es que ese episodio, el del hombre víctima de la combustión espontánea, está en el centro de la acción de *Bleak House*; ocupa apenas un par de párrafos, en medio de las ochocientas páginas de esa maravillosa novela en la que se despliega todo un mundo de vida... Con el paso del tiempo, el centro de interés se ha desplazado: el realismo intenso que debía servirle de marco ahora acapara todo nuestro interés, y el episodio prodigioso es una mera extravagancia que le perdonamos a Dickens con una sonrisa. La misma sonrisa con la que oímos el "Levántate, Catalina" de fray Egidio, y nos ponemos serios cuando nos hablan de la resurrección de Cristo. En la misma medida en que no podemos creer en la combustión espontánea, nos vemos obligados a creer en el Londres de Dickens. Es posible que ahí esté el secreto del realismo: en pagar la creencia inmensa del mundo con una gota de credulidad.

El caso de Balzac es más apabullante. Pero con él es preciso retroceder una vez más a la lámpara de Aladino, y a las ensoñaciones que nos sugiere. Hay algo que no podemos ocultarnos: si se nos apareciera el genio bienhechor a nosotros, modernos, todo lo que podríamos pedirle, más allá de algunos resguardos sentimentales *pour la galerie*, se reduciría a una sola cosa: dinero. Notemos que Aladino en ningún momento le pide dinero al genio. El dinero corresponde a la realidad: él lo consigue gracias al genio, pero indirectamente, gracias a la venta, en la realidad, de los objetos obtenidos en la magia. Nosotros iríamos a la vía directa, porque la Historia ya ha hecho entrar el dinero en el terreno de la magia. Eso vale también para mí, en mi fantasía de los libros: antes que recibirlos directos del genio preferiría pedirle el dinero para comprarlos, porque la visita a la librería, la elección, la transacción ya forman parte del placer y la ceremonia de la lectura. En los cuentos antiguos se le pedían cosas. Paulatinamente, con el avance y el triunfo del capitalismo, las cosas van reduciéndose al dinero: es un avance de lo simbólico, o del instrumental de representación, paralelo al avance del lenguaje en la civilización. Dinero y lenguaje son instituciones gemelas, unidas por el método y el origen. Esto ya lo notaba Gibbon (en el capítulo IX de su obra): "El valor del dinero ha sido instituido por consenso general para expresar nuestras necesidades y nuestros bienes, del mismo modo que la escritura se inventó para expresar nuestras ideas, y ambas instituciones, al darle una energía más activa a los poderes y pasiones de la naturaleza humana, han contribuido a multiplicar los objetos que estaban diseñadas para representar". (Entre paréntesis, notemos que Gibbon, al reconocer que la palabra y el dinero, nacidos para representar la actividad humana, multiplican esta actividad, está reconociendo que la representación de la realidad puede actuar como el motor de la realidad).

Balzac, padre y supremo sacerdote del realismo, es un doble perfeccionado y modernizado de Aladino. El deseo lo domina, y más que el deseo: el deseo de satisfacer mágicamente el deseo. Alguna vez dijo: "Podrá faltarnos dinero para lo necesario, pero nunca nos faltará para lo superfluo en lo que nos hemos encaprichado". Su rama de magia era la manipulación financiera, la transformación de una deuda en un activo mediante una prestidigitación de papeles. Sus novelas están llenas de esas maniobras, y el placer que siente al lanzarse en el tema de bonos, hipotecas, sucesiones, quiebras se hace evidente en la sensualidad, y la insistencia, con la que emplea el vocabulario de las finanzas —que tanto problema les da a los traductores actuales de su obra, lo mismo que el vocabulario náutico en las novelas de piratas, o en las de Conrad. Y en buena medida por el mismo motivo: así como los marinos se complacen en tener un idioma propio incomprensible para los hombres de tierra, que acentúa su aislamiento e independencia una vez que sueltan amarras, así Balzac soltaba amarras en el mar de las finanzas.

Pero esto es parte de otra magia, la de la literatura. Las anécdotas legendarias de la vida de Balzac van todas en esa dirección, como la vez que vio en la vidriera de un anticuario un bastón con puño de oro y lo asaltó el furioso deseo de poseerlo, imposible de satisfacer en el momento porque no tenía un céntimo. Salió caminando de prisa, improvisando sobre la marcha un argumento de novela, se lo expuso a un editor y le extrajo un adelanto con el que compró el bastón, media hora después de haberlo visto. El "genio", aquí cambiando la acepción de la palabra, el genio sin lámpara, le daba lo que quería. Su amor apasionado por el mundo material era una fuente inagotable de deseo. Tenía mucho que pedir, y eso explica lo prolífico de su obra, porque se pide con palabras.

Su compromiso con lo sobrenatural no es menor que el que lo une al mundo material. Este último se manifiesta con brillo especial en las demoradas y sensuales descripciones de interiores: muebles, lámparas, jarrones, cuadros, alfombras, no nos perdona nada, ni sus ubicaciones, estado de conservación, colores... El orbe inmaterial de la adivinación o la alucinación no está lejos, porque esos interiores no son más que palabras, discurso, ensoñación de novelista.

En una de sus novelas, *Ursula Mirouet*, un médico incrédulo que vive en Nemours es convencido por un colega de ir a París a visitar a una adivina. Va, de mala gana, y esperando hacer frente a alguna clase de fraude. La adivina, una señora gris en un departamento pobre, cae en trance y le habla de unos papeles importantes que se encuentran en la casa del médico en Nemours. ¿Dónde están estos papeles, exactamente? Bueno, están, dice la señora en trance, entre las páginas de un libro encuadernado en cuero rojo, en el tercer estante de una biblioteca... ¿Qué biblioteca? Y ahí, tanto para la sorpresa del médico como para la de los lectores, la adivina hace una descripción balzaciana del cuarto donde se encuentra la biblioteca, con todos los detalles. El médico se convence, y no es para menos. El mismo Balzac se convence, suspendiendo momentáneamente la conciencia de que es él quien está inventando la escena, y escribiéndola. La clave de realidad, que son sus descripciones del mundo material, puede ponerse al servicio de la magia.

A eso se refiere Borges al hablar de las "magias parciales" de la novela: él lo aplica al *Quijote*, y la "magia parcial" en cuestión es la aparición en la novela de personajes que han leído esa misma novela, o conocen al autor. Se diría que se trata de lo que hoy llamamos "metaficción", pero otros casos que menciona precisan la intención de Borges: uno es el de la mágica noche 602 de *Las mil y una noches*, en la que Scherazada le cuenta al sultán la historia de un sultán que sacrifica una doncella cada noche hasta que una de ellas empieza a contarle historias con las que gana tiempo hasta que transcurridas las mil y una noches puede mostrarle un hijo, y la condena queda anulada —es decir, le cuenta la historia misma que ella y él están protagonizando—. Algo parecido, dice Borges, sucede en el *Ramayana*, y en *Hamlet*, donde los personajes ponen en escena una obra de teatro que repite en miniatura la obra que ellos mismos están representando. Pero el ejemplo más claro es el de un mapa de Inglaterra tan detallado, tan exhaustivo, que contiene el mapa, el cual a su vez contendrá el mapa... Ahí vemos de qué está hablando: de la autoinclusión. En otro contexto, estas autoinclusiones serían un problema de lógica, o en todo caso un juego de ingenio. En la literatura, dice Borges, "nos inquietan". ¿Por qué? No da una respuesta muy clara en este ensayo, pero podemos referirlo a una de sus ficciones, "Las ruinas circulares", cuya moraleja es que si yo sueño, puedo ser soñado. Ahí está el motivo de la inquietud, y hasta del miedo: podemos no tener la realidad que creemos tener. Las manipulaciones de la realidad a las que nos entregamos en nombre del realismo podrían llegar a desacomodar los ejes que aseguraban nuestra presencia continua y tangible en el mundo.

La realidad, en tanto realidad, es sólida. Para que un cuerpo ocupe un lugar otro cuerpo tiene que haber desalojado previamente ese lugar. Es el argumento que usó Kant para refutar el espiritualismo angélico de

Swedenborg, y la creencia en fantasmas en general. Si en ese sólido continuo se abre una burbuja, no tendrá consecuencias en el encadenamiento de causas y efectos porque su apertura depende de nuestra voluntad, o nuestro capricho, de "suspender momentáneamente la incredulidad". Quizás hemos cedido demasiado a esa voluntad o capricho, quizás hemos hecho abuso de la literatura. Es una sospecha que legítimamente pudo albergar alguien como Borges. Y de pronto nos damos cuenta de que la burbuja puede no ser la burbuja sino lo que la contiene, la masa universal que creíamos que era la realidad. Es decir: la realidad siempre está amenazada por la irrealidad, y la literatura es el laboratorio donde se preparan las recetas de esta amenaza, y desde donde se lanzan los ultimátums. El realismo, sea como sea que se lo defina, es nuestro exorcismo favorito.

La obra de Borges, sus treinta y tres cuentos, se pone en perspectiva si la vemos dentro de la atmósfera y los procedimientos de *Las mil y una noches*, que fueron algo así como el molde en el que se fraguó su imaginación. Lo que puede distraer de esta verdad tan patente es que el único genio o auxiliar mágico al que apeló fue el sistema general de la literatura, tal como lo había conformado una historia milenaria. Me atrevería a proponer que la paradoja de Aladino, la intrusión de la realidad en la magia, está presente en cada una de sus ficciones. Tomemos la última, que es la que resume casi todos sus temas: "El Sur". El argumento no es original, como no necesita serlo nunca cuando el mayor mérito al que puede aspirar un relato, según lo declaró Borges más de una vez, es la anonimia de la tradición oral. Proviene de un cuento de Ambrose Bierce, "Un hecho ocurrido en el puente de la Cañada del Búho": a punto de morir, a un soldado una Providencia piadosa o engañosa le concede un tiempo extra, alucinatorio, en el que logra escapar, volver a su casa, abrazar a su familia. Borges invierte el motivo: su personaje, Juan Dahlmann, que muere de una septicemia en la cama de un hospital, recibe el don de una alucinación que le permite morir de una muerte heroica, o al menos viril, en una pelea a cuchillo bajo el cielo de la pampa. Lo extraordinario del cuento es que realidad y sueño se funden con tal perfección que puede leérselo como un relato lineal —y no son pocos los lectores que lo han hecho así, y se han sorprendido al saber que había otra lectura. A pesar de que Borges en el prólogo del libro (*Ficciones*) lo advierte: "De El Sur, que es acaso mi mejor cuento, básteme prevenir que es posible leerlo como directa narración de hechos novelescos, y también de otro modo". Ese "otro modo" consiste en percibir que hacia la mitad del cuento, presumiblemente cuando Dahlmann entra en agonía, todo lo que sigue es una construcción mental suya, y esa construcción, la segunda mitad del cuento, está hecha con los mismos elementos de la primera mitad, transformados como los "restos diurnos" se transforman en el sueño.

Para que esta trampa funcione, es preciso que el cuento esté escrito en clave de realismo. La primera parte es realismo liso y llano, como lo es la descripción de la miseria en que viven Aladino y su mamá antes de que irrumpan el brujo y la lámpara. La segunda mitad es, podría decirse, "simulacro de realismo", realismo para hacer creer que lo que se cuenta pasó en realidad, pero sembrando indicios como para que el lector perspicaz vea a través. La primera mitad, en cambio, debe ser realismo propiamente dicho, y Borges, que abominaba del engorro de los detalles circunstanciales necesarios para hacer realismo, soluciona el problema recurriendo a la autobiografía, que es algo así como el grado cero del realismo. Todo pasó en los hechos tal como figura en el cuento. Igual que su personaje, Borges trabajaba en una biblioteca pública de barrio, tenía una "discordia de dos linajes", un abuelo militar, persistentes sueños de heroísmo... Las diferencias son las mínimas con las que menos se disimula lo autobiográfico que se lo revela: el linaje no criollo de Borges no era alemán como el de Dahlmann sino inglés, su abuelo militar no se llamaba Francisco Flores sino Francisco Borges. Y Borges también sufrió una herida en la cabeza en el verano de 1939, que derivó en septicemia y lo puso cerca de la muerte...

La magia interviniente aquí no es de prodigios de riqueza y poder, sino apenas la necesaria para cambiar una muerte sórdida o trivial por enfermedad en una brillante y legendaria, en un duelo a cuchillo; "una magia modesta", para usar palabras de un amigo de Borges. Y se presenta, muy al estilo borgeano, mediante una referencia bibliográfica: el libro que lleva Dahlmann en la mano al emprender el ascenso fatal por la escalera es un ejemplar de *Las mil y una noches* en la traducción alemana de Weil; más aún: el libro es el culpable del accidente, porque en el apuro por examinarlo sube por la escalera oscura sin esperar el ascensor. Y creo que no es casual que sea ese libro y no otro; todo el cuento está teñido de la atmósfera de los cuentos árabes: los mismos juegos del destino, las burlas del tiempo, las coincidencias y figuras que promueven la "suspensión momentánea de la incredulidad".

Uno de los rasgos más admirados de "El Sur", que ya he mencionado, es la correspondencia sutil de elementos entre las dos mitades, la de la realidad y la del sueño. Por ejemplo, y por no dar más que un ejemplo, en la primera parte, al subir la escalera, "algo le rozó la frente", la punta metálica de la ventana recién pintada, que le causa la herida; en la segunda, cuando ya está en el almacén (soñado) de la pampa, la provocación que terminará en el duelo a cuchillo empieza cuando le tiran una bolita de pan desde otra mesa: "sintió un leve roce en la cara".

Lo más intrigante está en la apertura de la segunda mitad. Es una frase famosa, al menos famosa entre borgeanos: "A la realidad le gustan las simetrías y los leves anacronismos". Más de una vez se ha dicho que es una declaración programática, de la índole narrativa de la realidad para Borges, casi podría decirse: de la esencia artística de la realidad. Lo que no se ha observado tanto es que Borges la pronuncia para introducirnos en lo que no es la realidad sino todo lo contrario de la realidad: la alucinación, la fantasmagoría. Las simetrías y los leves anacronismos que se despliegan de ahí en adelante son los de un sueño, y la mención de la realidad en esa frase es una trampa más para los lectores ingenuos que terminan la lectura creyendo que Juan Dahlmann murió en un duelo a cuchillo. Más honesto habría sido decir: "A los sueños les gustan las simetrías y los leves anacronismos". La reversión de realidad y sueño, la amenaza latente de que uno sea el otro, la duda, está siempre presente en la obra de Borges. Abundan las pruebas, desde su preferencia por la anécdota de Chuang Tzú, que soñó que era una mariposa y al despertar no sabía si era un sabio que había soñado que era una mariposa o una mariposa que ahora estaba soñando que era un sabio, y que Borges no se cansó de citar toda su vida, hasta el cuento, que ya mencioné, "Las ruinas circulares", pasando por cientos de indicios sembrados en todos sus escritos; recuerdo uno solo, en un comentario, creo que en *Textos cautivos*, sobre unas llamativas coincidencias en la biografía de alguien: "Estas cosas sólo pasan en la realidad", que invierte la frase corriente: "Estas cosas sólo pasan en las novelas", y la invierte con buenos motivos de oficio literario, porque en la ficción hay que cuidar el verosímil, cosa que la realidad no se preocupa por hacer. Pero la inversión, chistosa a la vez que perspicaz y aleccionadora, está mostrando hasta qué punto en Borges realidad e irrealidad son intercambiables y relativas.

A lo que debe de referirse aquí es a que "para lograr una imitación realista de la realidad debemos tener en cuenta que la realidad tiene unas simetrías y anacronismos que más parecen obra del arte que de la realidad". O sea: no hay que exagerar en el realismo: el realismo no debe parecer realista para acercarse más a la realidad, debe parecerse más bien a un juego de geometrías ingeniosas... (Esto porque Dahlmann, que es el creador, el autor, el escritor, de la segunda mitad del cuento, como todos somos autores de nuestros sueños, quiere engañarse a sí mismo, quiere "hacerse creer" lo que está soñando).

Otro detalle que nunca he visto comentado a propósito de esta frase ("A la realidad le gustan las simetrías y los leves anacronismos") es que personifica a la Realidad, la hace sujeto de gustos, preferencias, decisiones... Hace de la realidad una deidad, voluntariosa, seguramente caprichosa, la acerca a figuras de fábula como el Destino o la Fortuna. Eso es muy oriental, muy de cuento árabe, confirmando una vez más la filiación miliunanochesca de la ficción borgeana.

La perfección de "El Sur" es tal que nos hace sospechar que ella también significa algo. El cuento es una obra maestra, lo que no es un mero juicio sobrepuesto, sino parte de su sentido. El autor lo señala, en la advertencia que cité antes: "acaso mi mejor cuento", haciendo una llamativa excepción, que debería alertarnos, a su proverbial modestia. En efecto, Borges nunca fue tan lejos, o llegó tan cerca, en el juego del realismo. De su concepción del realismo, inseparable de la magia, que en él es pura y sencillamente literatura. Y en el centro de este juego está la calidad. Creo (y esta es una intuición que no sé si podría justificar racionalmente) que el realismo no es algo que se pueda practicar mejor o peor: el realismo es la calidad misma del texto que lo transporta. La literatura, al no tener ninguna función social bien definida, no tiene otro objeto que ser buena. La calidad no está al final, como una calificación que se le pone a un trabajo una vez terminado, sino al comienzo: es el motivo por el que se la practica. Y no se la conjura a voluntad sino que debe pasar por la prueba de realidad, con todas sus penas y trabajos. De ahí el realismo, destinado a operar como la magia específica de la realidad. La medida de su eficacia la da la calidad.

Desde esta perspectiva, se podría decodificar el cuento de Aladino como alegoría del persistente anhelo de realismo en nuestro oficio: el escritor descubre que tiene a su disposición un genio que le concederá todos los deseos que le pida, un genio llamado Literatura. Por supuesto, le pide escribir una obra maestra. El genio le da el gusto, servicial, instantáneo. Pero el escritor no queda satisfecho con el clic velocísimo de la magia: lo encuentra desprovisto de sustancia, o se niega a creer que las cosas sean tan fáciles. Entonces cambia de nivel, pone los pies en la tierra, mira a su alrededor, y empieza a recorrer el laborioso paso-a-paso de la realidad.

Para terminar, cerrando el círculo, con el autor de la frase con la que empecé y que he estado tratando de desentrañar, dos referencias a Coleridge: una cita y una anécdota.

La cita es su curiosa definición de la incredulidad: "La incredulidad no es más que la credulidad vista de espaldas, haciéndole reverencias a la Convención y el Hábito". Con esta definición avanzamos de lo verbal a lo visual, porque podemos verla, a la Credulidad, como una matrona robusta, una de esas vecinas chismosas y enteradas que están siempre en la puerta, a la que saludamos cuando salimos de casa. La miramos con cierto respeto, porque todo lo malo que oiga sobre nosotros lo creerá y difundirá en el barrio. Pero basta un cambio de perspectiva para que la escena se vuelva cómica, y dejemos de temerle, cuando la vemos inclinarse con respeto ante una pareja de enanitos burlones y despóticos, unos enanitos de alegoría.

La anécdota es la siguiente: una vez alguien le criticó a Coleridge su "Balada del viejo marinero" porque tenía "poca moral". Se refería a lo que nosotros llamaríamos "elementos extraliterarios": promoción de valores humanos, crítica a los males de la sociedad, etc. Coleridge respondió que él por su parte le criticaría a su poema no la falta sino el exceso de "moral". Su idea de la literatura estaba más cerca de los cuentos de *Las mil y una noches*, totalmente desprovistos de esos elementos. Esto es especialmente sugerente si recordamos que Coleridge pensaba que el Libro de Job de la Biblia era en realidad un viejo cuento de la tradición árabe, un cuento de magias orientales apenas adaptado a una teología ajena. Lo que él habría querido escribir, dijo respondiendo a esta crítica, habría sido algo como ese cuento de la primera noche de Scherazada y el Sultán: Un hombre estaba comiendo dátiles junto a un pozo, al que tiraba los carozos. Del pozo salió de pronto, furioso y con una afilada cimitarra en la mano, un genio que vivía allí abajo con su familia, y le anunció al hombre que le cortaría la cabeza por haberle lastimado un ojo a su hijo con uno de los carozos que había tirado.

En efecto, de este relato sería difícil extraer alguna enseñanza, como no sea la de que no hay que tirar carozos de dátiles en cualquier parte... Es la pura fábula inútil, la narración que no tiene más contacto con la realidad que el tiempo que se tarda en contarla. Ahora bien, ese tiempo es el que se le gana a la condena a muerte pendiente a ambos lados del relato. Pero esa condena dentro del cuento, esa decapitación inminente, no podría hacer real al tiempo que la transmite si no viéramos un convincente encadenamiento de causas y efectos. Es por eso que no nos preguntamos cómo es posible que un carozo pueda lastimarle el ojo a un ser inmaterial como un genio. ¿Cómo podría ser de otro modo? Tendríamos motivos para acusar de irresponsable al narrador que no cuidara esa clase de detalles. En un buen cuento un carozo nunca cae en el vacío. Y los genios son padres celosos que cuidan a sus hijos. Tiene que ser así: el realismo se infiltra hasta por las grietas más delgadas de la magia, porque es la regla del juego.

Amalia[7]

Parto de la hipótesis de que una literatura se hace nacional, y es asumida como propia por los lectores de esa nación, cuando se puede hablar mal de ella, no cuando se puede hablar bien; esto último cualquiera puede hacerlo, con o sin sentimiento de pertenencia. Es como en los matrimonios, o entre hermanos o amigos, cuando uno puede hablar mal del otro pero no permite que lo hagan terceros; que uno pueda hacerlo es un derecho que confirma la propiedad, la intimidad, el cariño y hasta el orgullo.

Esta hipótesis no obedece a un prurito de originalidad o provocación, aunque es cierto que lo habitual es decir lo contrario: una comunidad nacional naciente siente que tiene una literatura cuando puede exhibir obras maestras, o al menos libros decentes o presentables. Es cierto, pero me parece que no es suficiente. Ni siquiera es históricamente aceptable. Las obras maestras tardan en llegar, y nadie puede asegurar que llegarán. Y un escritor realmente bueno escapa, por su propio peso, a la intimidad nacional.

Y aunque no sea tan genuinamente bueno, aunque haya que hacer un cierto esfuerzo o dar rodeos para elogiarlo, ese elogio puede hacerlo cualquiera, no solo

---

7. Rosario, 2010.

el connacional, a quien por el contrario la modestia o la cortesía obligaría a decir que no es tan bueno; el reconocimiento de la buena literatura carece por naturaleza del sello nacional, porque la lectura fue actividad universalizada, o globalizada, desde su inicio. Bueno es Homero, o Virgilio, Dante, Shakespeare, Cervantes, es decir, los que crearon la medida con la que decidir qué es lo bueno en literatura, y no la de este o aquel país sino en toda la literatura.

Hay una asimetría entre la literatura buena y la mala; no son dos mitades, ni el anverso y el reverso de una misma figura. Esa asimetría es quizás la misma, o equivalente, a la que hay entre lectura y escritura. En la lectura están en primer plano el gusto y la sensibilidad; en la escritura, gusto y sensibilidad quedan escondidos, latentes, y casi siempre burlados, detrás del trabajo de la realización, que tiene sus exigencias implacables y no admite atajos ni subterfugios.

Esta disociación se hace sentir en el origen de una literatura nacional; a esta literatura es preciso hacerla, escribirla, sobre el antecedente necesario de la literatura ya existente en el mundo, o la literatura a secas. Y esta, si bien anclada en naciones, tiene que haber superado el estadio nacional para poder servir de modelo y generador. Byron, por ejemplo, el modelo de José Mármol, desde el momento en que tuvo la gloria suficiente para ser modelo de Mármol, fue inglés solo como nomenclatura. Cuando murió, una joven dijo: "Se ha apagado una luz en el mundo", y aquí la palabra clave es "mundo". Es muy elocuente que Bioy Casares haya citado esa frase el día que murió Borges.

No hay más remedio que hablar mal de *Amalia* si queremos encontrar en ella algo que podamos considerar nuestro. La intención de elogiarla choca con obstáculos casi insalvables. Por supuesto que apreciarla en contraste con las buenas novelas contemporáneas (de Stendhal, Balzac, Dickens, Dostoievski) está fuera de cuestión. Pero bajar el nivel, por ejemplo al de los folletines franceses más truculentos y populares, de los que *Amalia* es una precaria imitación, tampoco sirve, porque pone en evidencia que lo bueno que contiene *Amalia* (que, poniendo algo de buena voluntad, se deja leer) ya estaba en esos folletines. Solo podemos empezar a hablar bien de un libro argentino con el *Martín Fierro*. Entre otras cosas, o principalmente, porque no necesitamos hablar mal de él para apropiárnoslo. Con *Amalia* en cambio, la apropiación solo puede darse a expensas del cariñoso escarnio de exclusividad. Si el proyecto, lo formal del proyecto, es exterior a la naciente literatura nacional, los aspectos documentales, el tema político, los personajes, los hechos, no son más nuestros: su naturaleza misma de fenómenos históricos razonados los internacionaliza. Hay una universalización ya en el molde conocido de una dictadura de terror, con esbirros embozados, conspiradores, espías, el opositor herido ocultado en casa de la bella opositora que se enamorará de él, etc. El Buenos Aires nocturno de Mármol no es distinto al París nocturno de Sue, que lo hace legible. Hay una prueba concreta de esta condición tópica de *Amalia*, y es el plagio del que fue objeto. El escritor Gustave Aimard, que sigue siendo leído por su novela *Los tramperos del Arkansas*, la hizo traducir y en 1867 la publicó como obra suya bajo el nombre *La Mas-Horca*, y una segunda parte con la que terminó de copiar la novela del argentino, *Rosas*. Un acto de apropiación, o devolución. Alejandro Dumas había hecho algo parecido con el sitio de Oribe, en un folletín también plagiado y presentado con el título de *Montevideo o La Nueva Troya*, que precisamente pone en juego la universalización tópica del material.

Malo, bueno, en literatura, es una cuestión de gusto, y el gusto es una cuestión de época. *Amalia* es el Romanticismo, con el debido desfase americano de husos horarios, pues es 1850... En una perspectiva general del gusto, a *Amalia* se la puede disculpar en nombre de la época. Mármol como poeta, como escritor, es menos perdonable, pero en la novela, en el género novela, es mucho lo que se puede perdonar en nombre del entretenimiento, de las emociones deliciosas del suspenso y la identificación con los personajes. También, y quizás sobre todo, en nombre de la información sociohistórica que transporta. Para asimilar esta información no es necesario ponerse en la piel del lector de la época, al contrario. Ahí se produce una inversión o quiasmo: lo que para el lector del momento era candente actualidad se nos vuelve estilización arqueológica, y lo que para nosotros es historia (historia del Romanticismo en América, historia de la literatura argentina) para él era el inconsciente o lo no pensado del gusto.

Y no es solo cuestión de desfase histórico. En aquella época, en todas las épocas, hay simetrías conscientes de lo bueno y lo malo. Mármol lo prueba en *Amalia* con el soneto cuya autoría le adjudica a Mercedes Rosas, una hermana del Restaurador a la que en la novela presenta como una especie de madame Verdurin con ínfulas de poeta:

Brillante el sol sobre el alto cielo
Ilumina con sus rayos el suelo,
Y descubriéndose de sus sudarios

Grita el suelo: ¡Que mueran los salvajes unitarios!
Llena de horror y de terrible espanto
Tiembla la tierra de polo a polo
Pero el buen federal se levanta solo
Y la patria se alegra y consuela su llanto.
Ni gringos, ni la Europa, ni sus reyes
Podrán imponernos férreas leyes,
Y dondequiera que haya federales
Temblarán en sus tumbas sepulcrales
Los enemigos de la santa causa
Que no ha de tener nunca tregua ni pausa.

Para escribir esta parodia de un poema malo Mármol debió actualizar sus parámetros de calidad, que no son distintos de los nuestros. Para un poema, como es este caso, corresponde el ripio flagrante, la banalidad medida, mal medida en lo posible, la vulgaridad prosaica, el lugar común y la declaración directa de principios e intenciones. De todo esto hay en sus propios poemas, por ejemplo en estos versos suyos de una "Oda al 25 de Mayo", notoriamente parecidos a los de Mercedes Rosas:

Cada generación un día tiene
Que la deja en los siglos señalada,
Y con ella también un hombre viene
Que le deja su frente coronada.

De modo que no tuvo más que acentuar o ir más lejos en una misma escala. Ahora bien, si hubiera querido hacer lo mismo con una novela, si hubiera tenido la peregrina idea de adjudicarle a una hermana o cuñada de Rosas la autoría de una novela malísima y ridícula que obligara a las cultas damas unitarias a disimular la risa detrás de sus pañuelitos de encaje como lo hacen al oír los versos de la pobre Mercedes Rosas, se habría enfrentado a algunos curiosos problemas. Al estar menos formalizada, la novela no ofrece una escala por la que se pueda avanzar o retroceder cuantitativamente. De hecho, en 1850 la novela no estaba formalizada en absoluto (ese año Flaubert empezaba a escribir *Madame Bovary*), de modo que Mármol no habría podido hacer su parodia. Es más: ni siquiera se le habría ocurrido hacerla. Para él la novela, el folletín extenso lineal, se confundía con la corriente de los hechos, con el magma político, social, de la vida pública y privada. Eso lo llevó a escribir a la vez la novela mala y la buena, la unitaria y la federal (porque al no disponer de paradigmas formales, como en la versificación, tenía que remitirse a los contenidos ideológicos). Y hay que reconocer que lo hizo bastante bien, tanto que *Amalia* parece escrita por dos autores, el crédulo y afeminado de las descripciones de vestidos, interiores, escenas de amor y conflictos morales de museo de cera, y el bárbaro humorista del gabinete de Rosas y los mazorqueros. Con la peculiaridad de que estos dos autores no escriben su parte propia sino la del otro, ridiculizándola como parodia. Civilización y Barbarie serán siempre reversos, nunca anversos.

¿Cómo se puede decir que es bueno o que es malo algo que no tiene forma? Es la gran y permanente coartada de la novela. Todos los esfuerzos por formalizarla como obra de arte, desde Flaubert, han sido intentos de llevarla a lo cualitativo. Pero la novela resiste en su formato cuantitativo, y *Amalia* es la piedra fundamental de la resistencia argentina de la novela.

El origen de una literatura nacional es el origen de una sensibilidad, aunque no para usarla para leer y apreciar buena literatura, porque ese tipo de sensibilidad es previo a las naciones, sino para poder medir en el tiempo los pasos de los connacionales que quisieron ser escritores. Se considera natural que en un país periférico, una excolonia que no termina de organizar su vida independiente, la literatura deba pasar por etapas formativas, hacer su aprendizaje, ir paso a paso de lo malo a lo bueno. Pero que a este proceso se lo considere natural no garantiza nada. Porque se trata de una metáfora, la metáfora biológica tan común y tan arraigada que nos hace ver todo o casi todo bajo la figura del desarrollo de un hombre o un animal, desde su nacimiento a su muerte. Una literatura nacional no tiene por qué "nacer", como no tiene por qué "morir", ni "crecer" ni "aprender" ni "dar sus primeros pasos": esas son todas metáforas, retórica, y tomárselas en serio, como si fueran descripciones de hechos, puede distorsionar la aprehensión histórica del proceso.

La palabra "literatura" también es a su modo una metáfora, de algo que no existe en la forma concreta en que existe una mesa o una silla. Por "literatura" pueden entenderse dos cosas: la que significa la expresión "literatura argentina" o "literatura francesa" o "literatura antigua" o lo que sea, que es la acumulación de obras escritas con propósitos estéticos; la otra acepción es la del arte o la disciplina con que se escriben esas obras. En esta segunda acepción no hay "literatura argentina"; en todo caso, hilando fino y partiendo un pelo en cuatro, podría hablarse de una literatura con matices propios de una nación, un arte de escribir característico de un determinado país o región. Las dos acepciones suelen confundirse, y no es para menos. *Amalia* es una piedra fundacional en la primera acepción, es decir, en el tesoro acumulado de obras literarias que conforman la "literatura argentina". Pero ese tesoro, esa acumulación, no puede aceptar cualquier cosa sino lo que se encuadre en el marco de la segunda acepción. Y la aceptación o rechazo ahí depende de la calidad. La literatura como arte ya está hecha, siempre está hecha previamente, y sus modelos originarios son el mayor valor de calidad posible, porque instauran el valor.

Una literatura, en el sentido de la literatura de un país o una lengua, se construye cuantitativamente (no hay otro modo). Apilando todo lo que se escribe o publica en formatos más o menos adecuados a lo que se entiende por literatura, con algunas adiciones extras de lo que podría ser un informe hidrográfico o un parte militar especialmente bien redactados, o el famoso Código Civil que le servía de modelo de prosa a Stendhal. Pero estas adiciones son casi siempre recuperaciones, que surgen de la segunda etapa, la cualitativa.

La jerarquización cualitativa, el filtro y la selección, vienen después, y por rigurosos que sean nunca pueden librarse del todo del peso cuantitativo. No sé si será cierto que la cantidad a la larga se transmuta en calidad. Lo dijo un economista, pero pudo ser pura deformación profesional, porque la calidad del dinero es directamente su cantidad. En un ámbito puramente cualitativo como es la literatura, el axioma se vuelve mucho más dudoso. A primera vista parece lógico que en un conjunto de mil novelas haya más probabilidades de encontrar una buena que en un conjunto de diez novelas. Pero la razón estadística deja de valer cuando hay una sola novela. Y el lector, a diferencia del profesor o el historiador, se enfrenta a una sola novela. (O un solo libro, para no hacer cuestión de géneros).

Amalia medra en su condición de única y antiestadística no solo por enfrentarse gallardamente al lector sino por ser la primera. La *Soledad* de Mitre pasa en Bolivia y es demasiado mala; *La novia del hereje* sucede en el Perú y es buena, indiferente e internacionalmente buena. Tampoco sería necesario que *Amalia* fuera estricta y cronológicamente la primera: su condición de primera le viene del consenso tradicional, y con eso basta.

Cualquier novela puede ser la primera de algo. Y en su corazón, en su núcleo generador, en lo que la hace novela, es la única; porque ese núcleo generador es su calidad, su valor literario, y este se crea desde adentro; la creación y el valor son lo mismo en literatura, en tanto la creación del valor no se puede distinguir del valor de la creación.

La condición de primera establece una relación peculiar con el tiempo, que *Amalia* elabora a su modo. El autor mismo plantea en la advertencia preliminar el proyecto de una "novela histórica del presente", lo que la vuelve algo así como novela política. Creo que la diferencia entre novela histórica y novela política está en lo que en inglés se llama "hindsight", cuyo significado no transmite exactamente la traducción literal de "visión retrospectiva" (en francés hay una expresión más cercana: "avec le recul"): es saber lo que va a pasar cuando ya pasó, o tener conocimiento, y sacar ventaja de él, de lo que sucederá en el futuro del pasado. En la novela histórica el autor respeta la ubicación mental, el conocimiento, de los personajes. En la novela política (o, habría que decir, la novela histórica cuya razón de ser es política) el autor hace profetas perfectos a sus personajes, o al héroe que representa al autor, porque es el modo que tiene de participar, ya que no hay política sin participación.

Pero al tomar como materia hechos consumados, no tiene más remedio que hacer de su héroe una Casandra. Nadie escuchará sus advertencias y las desgracias sucederán tal como sucedieron. Solo queda en sus manos el destino de la superestructura de ficción. Lo cual está de acuerdo con los absolutos románticos, los absolutos del gusto de época: los personajes absolutamente bellos, elegantes, correctos. No equivocarse nunca, ir siempre al blanco del blanco y negro de una historia esquematizada.

El efecto psicológico es sentirse superior a alguien del pasado (puede ser uno mismo) que ha cometido un error fácilmente evitable, y lo compadece o se burla, en resumidas cuentas se siente superior a él, como en general los vivos se sienten superiores a los muertos, y como los unitarios se sienten definitivamente superiores a los federales. Pero es una superioridad falsa, de la que no podemos jactarnos porque nos la dio gratis el tiempo, el privilegio no ganado de haber venido después y saber las consecuencias de los hechos pasados. Eso es lo que denuncia la palabra *hindsight*.

Y esa falsa superioridad, pura jactancia, del *hindsight*, es la misma que la del gusto, que debería ser igual de reprobable. Salvo que en materia de gusto no se trata de hechos, sino de fantasmas.

En *Amalia* el hecho en cuestión es la toma de Buenos Aires por Lavalle, y el *hindsight* se funde con el enigma de su retirada antes de consumarla. Los analistas políticos se equivocan siempre, y cuando aciertan es por casualidad. Dotado del desfase calendario, el héroe de

Mármol acierta siempre. Y su apuesta, a todo o nada, es la posesión de Buenos Aires; el resto del país, o la Federación, o lo que sea, lo tiene sin cuidado. Ahí puede haber simple realismo, sin necesidad de *hindsight;* alguien dijo, sin exagerar demasiado, que la Historia de la Argentina es una historia municipal. Pero el efecto propiamente literario de esta toma súbita e integral de Buenos Aires, que Lavalle se niega a llevar a cabo, es volver a Buenos Aires un objeto, una maqueta, una miniatura, *cosa mentale*. En esto se revela novela topográfica; podemos seguir página a página las andanzas de este Fantomas de San Telmo, doblar cada esquina con ayuda de las notas al pie que dan las equivalencias de los nombres de las calles, y cada lector encuentra sus propias equivalencias, con el bar El Federal, o la librería The Walrus, los reductos gays, la editorial Sudamericana, Zabaleta Lab. A Rosas hoy nadie se lo puede tomar muy en serio, y a los patéticos conspiradores menos; porque nadie se toma en serio la historia pasada: se vuelven figuras recortadas en un anacronismo inofensivo, piezas de un retablo, en el que encuentran su lugar los monigotes mazorqueros, con sus ponchos y sus bigotazos.

Es que este tipo de novelas, por estar puestas en la historia de la literatura, exigen el esfuerzo de "ponerse en el lugar" de sus lectores originales, del autor y sus contemporáneos. Adoptar por un momento su mentalidad, su escala de valores. Parafraseando a Coleridge, se exige "la suspensión momentánea del gusto propio". Es decir que debe echarse a andar una segunda ficción, en el cuerpo del lector, que se vuelve actor, de un personaje que participa en la novela y la transforma. Y entonces el lector siente que está sacando provecho del *hindsight*, como si hubiera visto en el diario el número ganador de la lotería y después hubiera retrocedido en el tiempo al día antes del sorteo para comprar un billete. Porque su gusto está hecho de la superposición de los gustos que lo precedieron, de modo que situado donde está ya conoce el número ganador.

Ahora bien: todo gusto es un gusto adquirido, y se lo adquiere adhiriendo a una convención de época. La convención es por naturaleza vergonzante, y suele esconderse tras la convención de que no hay convenciones. En realidad todo es convención. Que haya literatura es una convención. Pero la literatura, precisamente, lleva el juego de las convenciones sociales al plano en que se desnudan sus mecanismos y se proponen sus ajustes o reemplazos. Estos pretenden ir siempre hacia la recuperación de una naturalidad perdida. La historia de la literatura es una huida infinita hacia un estadio en el que no hubiera convención alguna, lo cual es un espejismo, aunque un espejismo necesario para que siga habiendo literatura.

El camino abierto a esta huida es el realismo, la convención que paradigmáticamente se quiere anticonvencional. En este aspecto, *Amalia* tematiza sus técnicas, apostando a un convencionalismo extremo del lado de los unitarios, y a los intentos de realismo, previsiblemente torpes, en el bando federal, lo que es bastante derrotista de parte de Mármol, al menos desde nuestro punto de vista retrospectivo. Los unitarios de *Amalia* se mueven en una atmósfera de reglas fijas tan artificiosas como las de *La Diana*, de Montemayor, o *La Astrea*, de d'Urfée. El realismo chusco que reina en lo de Rosas funciona como región preestética, independizada de las intenciones del autor. Habría que esperar algunas décadas para que el *gentleman* del 80 se hiciera cargo del realismo, cuando las circunstancias le dieran la perspectiva de altura, por ejemplo, en *Los siete platos de arroz con leche*, de Mansilla.

Bertolt Brecht escribió que la frase "es bueno" (y lo mismo vale para "es malo") está incompleta. Deben seguirla por lo menos dos especificaciones: bueno para qué, bueno para quién. Los hechos, las instituciones, que conforman una comunidad nacional, se juzgan de acuerdo a sus efectos, a su colaboración con el tiempo en la construcción de un sistema general. La literatura, actividad gratuita, lúdica y sin efectos concretos en la sociedad, se juzga solo por sí misma. Eso permite descontextualizarla, volverla un astro aislado en el pobladísimo vacío de la lectura. Y esa descontextualización es la que promueve las recuperaciones, el juego de transformaciones de lo mismo, que constituye a la vez la historia de una literatura y el manual de instrucciones de su práctica presente y futura.

Que una obra literaria quede en la historia de la literatura de un país, ya sea como obra fundacional o como curiosidad marginal, significa que queda disponible para las recuperaciones. El gusto literario es un efecto de la recuperación, y no al revés. No es que un gusto se forme primero y después se busque en el pasado la obra que se adapte a él, sino que es esa obra la que inspira una nueva inflexión del gusto. Postular la preexistencia del gusto equivale a suponer que hay un gusto eterno, clásico, que sirve como referencia permanente. Para contrarrestar esta museificación paralizante están las novelas malas, que reclaman a gritos una recuperación radical, un giro, o mejor, una voltereta, de lo literario mismo, y de la verdad social que transporta el inconsciente de la novela.

Esto se aplica a *Amalia* bajo la dialéctica del uno y lo múltiple. *Amalia* fue la primera novela argentina, pero Mármol no fue el primer novelista, nada más lejos de sus intenciones, lejanía que aseguró el estatus de objeto aislado con el que su novela pasó a la historia. Contribuyó a ello un curioso hecho biográfico. La protagonista, Amalia, Amalia Sáenz de Olavarrieta, existió en el Buenos Aires de la época, y se llamaba así, Amalia Sáenz de Olabarrieta, era hija del coronel Antonio Sáenz, héroe militar de la independencia, muerto en la batalla de Junín; el único cambio que impuso Mármol al nombre, quizás para disimular, más probablemente por ignorancia o descuido, fue cambiar la b del "Olabarrieta" real por una v en el personaje. No sé nada de esta señora, quizás nadie sepa, y por lo tanto es difícil saber por qué Mármol la eligió e idealizó como protagonista de la novela. Seguramente fue por el nombre, Amalia, pues Mármol había tenido un amor juvenil con la hija del general Guido, Amalia Guido, a la que le dedicó unos poemas, tan malos como todos los que escribió. Y concurrentemente con estas dos Amalias, o tres contando la del libro, se casó con una uruguaya de nombre Amalia Vidal. Años después, tras enviudar, y ya viviendo de regreso del exilio en Buenos Aires, volvió a casarse, otra vez con una Amalia, Amalia Rubio, lo que lleva a cinco el número de Amalias en su vida. La sexta Amalia, otro amor platónico de madurez al que hace referencia un biógrafo, podría ser pura leyenda.

No es fácil aceptar la opinión de ese mismo biógrafo, según la cual Mármol estaba obsesionado con el nombre, a causa de una primerísima Amalia anterior a todas las demás, una ur-Amalia que habría marcado toda su vida erótica, y en consecuencia habría que pensar que elegía a sus novias, esposas, amantes y personaje solo por el nombre. Tampoco es fácil, pero me parece más razonable, creer que las Amalias se dieron porque sí, por el mismo azar del que están hechas todas las vidas.

Pero una vez que se acepta este azar, ¿por qué limitarse a cinco o seis o siete Amalias? Pudieron ser muchas más, treinta, cuarenta. De hecho, nada impide que hayan sido muchísimas más. Quizás fueron tantas que solo la especulación numérica nos dé una idea. En el campo amplio y abierto de los posibles, a un hombre pueden sucederle muchas mujeres con el mismo nombre. Mármol vivió cincuenta y cuatro años. Si en ese lapso conoció a una Amalia por año, hubo cincuenta y cuatro. Si hubo una por mes, fueron seiscientas cuarenta y ocho. Si hubo una por semana, fueron dos mil novecientas dieciséis Amalias. Una por día, da la cifra ya más respetable de diecinueve mil setecientas diez. Una por hora, serían cuatrocientos setenta y tres mil cuarenta Amalias. Estirando un poco el verosímil, si hubiera conocido a una por minuto a lo largo de toda su vida, el resultado sería una legión constituida por veintiocho millones, trescientas ochenta y dos mil cuatrocientas Amalias. Claro que eso nos pondría frente a un verosímil poco convencional, ya que la cifra supera la cantidad de habitantes de la Confederación de Rosas, hecha toda de Amalias, como en una pesadilla, peor que la Mazorca. Apenas ahí empezamos a captar la naturaleza profunda de la Amalia de Mármol, naturaleza que, formulada escuetamente, es en retrospectiva una buena definición del origen: la representación única de la multiplicidad.

Las tres novelas[8]

Voy a leerles algo que escribí hace unos meses. Había terminado una novela que salió mal. Tan mal que empecé a tomar notas sobre lo que llamé "La novela imperfecta", tratando de justificar en la teoría lo mal que puede salirle una novela a un novelista. Después reuní y amplié esas notas, y lo titulé "Las tres novelas".

La primera es la novela imperfecta, no quiero decir que haya novelas perfectas por oposición a las cuales se definiría esta. Es el nombre que le doy, para entendernos, a la novela que no cumple exactamente hasta el último nudo del último hilo con lo que promete. Claro que para eso hay que tomarse en serio la promesa, es decir, poner en acción una mentalidad infantil preliteraria. Los lectores adultos, aun los más experimentados, los más críticos, los más literarios, han sentido alguna vez durante la lectura de una novela esa sensación de imperfección, de falla lógico-artesanal, percepción de la que el niño lector es piedra de toque. Esto tiene que ver con el camino que hace la literatura. En su origen infantil

8. Rosario, 2007.

o mítico, el relato debe ser plenamente satisfactorio. Su inutilidad práctica obliga a justificar su existencia por la excelencia. Eso lo notó Horacio para la literatura en general, pero aplicado al relato bien podría referirse a esa clase de argumentos irreprochables a los que ni siquiera un niño puede oponer objeciones de detalle. Desde que la literatura se hace cargo del relato empieza a incorporar imperfecciones, siempre por motivos estratégicos aunque se los maquille de psicología, de filosofía, o realismo. Llega un punto, un punto vanguardista, en el que no se las disimula más. En el siglo XX el relato literario persigue sus propias perfecciones, muy lejanas de las que exigía el niño, y se diría que entonces, entre nosotros, ha triunfado la novela imperfecta y no hay más que hablar.

Para no seguir adelante sin dar un ejemplo, puedo mencionar como una de esas imperfecciones que se incorporan al relato, en la literatura, el acto gratuito. Ahí se puede ver a qué me refiero con esto de la imperfección. El relato funciona como una máquina de causas y efectos, no importa si son sucesivos, invertidos, cruzados, alternos, interrumpidos, postergados o lo que sea, pero cada efecto tiene que tener su causa. El acto gratuito, inmotivado, equivale a hacer trampa en el juego. Nosotros, de puro sofisticados que somos, podemos aceptarlo y celebrarlo, pero un niño no. Puede parecer inútil esa insistencia mía en el niño, un niño hipotético, pura postulación retórica porque los niños no leen novelas, o no leen las novelas que a nosotros nos importan. Ese niño se quedó fijado en los orígenes de la novela, cuando la novela era todavía solamente el relato eficaz y gratificante y las consideraciones estéticas eran secundarias respecto de las funcionales. La lógica de los hechos, para ese niño, importa más que cualquier excusa psicológica o artística, y recordemos que esa lógica de los hechos se aplica también a brujas y dragones, animales que hablan o enanos mágicos. Pues bien, teniendo en vista a ese niño, o ese estadio preliterario, defino a la novela imperfecta como la que falla en alguno de los ítems del contrato establecido, o no cumple con las expectativas que promulgó. Doy un ejemplo: *Through the looking glass* (*Alicia a través del espejo*), de Lewis Carroll, la segunda de las novelas de Alicia. Aun después de admirar como es debido a este clásico, queda un residuo insatisfactorio, eso que no sabemos si mencionar o no.

Mencionarlo parece mezquino o infantil. Hace poco me pasó con un amigo al que le recomendé *Rabia*, de Sergio Bizzio. Mi amigo la leyó, le gustó, pero me señaló un error: en un punto se dice que el protagonista nunca había visto un dólar y varios capítulos después revela que tenía escondidos dólares en su dormitorio. Una distracción del autor. Pero la atención correlativa del lector suena injusta, como si se cambiara de nivel, como si se sacara ventaja de la inscripción de lo definitivo del trazo impreso de la creación imaginativa. La atención siempre se dirige a una distracción, la lectura es de por sí un ejercicio de la atención, pero hay algo así como una traición en usar la atención por fuera de lo dirigido por la lectura, es como meterse en la producción con la atención del corrector de pruebas de la editorial.

Con *Through the looking glass* el caso es un tanto distinto de estos hallazgos de errores que en definitiva lo que hacen es marcar la diferencia entre escribir y publicar, entre el magma de los posibles y su clausura. En la novela de Carroll la objeción es menos mezquina y más infantil, mucho más infantil. La trama sigue el esquema de una partida de ajedrez. Alicia es un peón que cruza toda esa pradera onírica, que también es el tablero, y se corona reina al final, al llegar al horizonte. Pero sucede que esa partida no se ajusta a las reglas del juego, del ajedrez de verdad, se suceden dos o más jugadas seguidas de las blancas, sin respetar la alternancia, las damas pasan por encima de los reyes en su trayectoria, un jaque pasa inadvertido. El autor se ha tomado algunas libertades que aunque menores podrían haberse evitado. El lector con la mentalidad perfeccionista infantil se dice, ante estas desprolijidades de Carroll, que podría haberse esmerado un poco más, no le habría costado mucho. El escritor genial que presuponemos en Lewis Carroll se reiría de estas objeciones. Podría objetarles, a su vez, que no todos los niños son así de vigilantes, los hay que aman romper las reglas. Eso en cuanto a su celebrada veneración por los niños; en términos artísticos, ni siquiera esa explicación nos tendría que dar. Pero queda algo por explicar, por discutir, en tanto la acusación de imperfección, aun cuando se la ponga en la boca o la mentalidad de un niño, subsiste en el adulto, y hasta subsiste en el novelista como cuestión técnica. Aquí no se trata de error o distracción, como en los dólares de Bizzio, sino en la obediencia a reglas en este caso autoimpuestas. Carroll les contaba a sus amigas niñas cuentos de ajedrez, historias en las que los personajes eran las piezas, el escenario el tablero y la acción suponemos tenía que ver con la guerra de los dos bandos. Este segundo sueño de Alicia amplía a la dimensión de novela una de estas historias, que al pasar de la improvisación oral al libro escrito —con toda la exigencia que representa escribir la segunda parte de una celebrada obra maestra— se supone que debería haberla sistematizado de modo más exhaustivo. A esta expectativa contribuye el hecho de que la novela está encabezada por el diagrama con que se ilustran los problemas de ajedrez. La historia se presenta como uno de estos problemas: juegan las blancas y ganan en once jugadas. La solución está dada al pie del diagrama y la lista de jugadas sirve de índice a los once capítulos. No es difícil justificar esta displicencia, lo han hecho los críticos hablando de ajedrez onírico o fantástico, la distracción y las boberías de la reina blanca, la violencia de la reina negra, la ineficacia o inmovilidad de los reyes explican los movimientos heterodoxos, pero los explican en la historia, en la ficción, no en el método que ha adoptado esta ficción para realizarse. El hipotético niño de las objeciones insiste en una exactitud quisquillosa, y se queda pensando cómo se lo podría haber hecho realmente bien. ¿Para qué hacer un contrato, al que nadie obligaba al autor, si no es para cumplirlo? ¿Para qué establecer reglas de procedimientos si no es para cumplirlas? Aquí ya no habla el niño sino el novelista. Obedecer exactamente las leyes del ajedrez, calcar la acción sobre los movimientos del auténtico problema o una partida auténtica habría sido más difícil, es cierto, pero esa dificultad se habría traducido en invenciones más ricas e imaginativas. La misma crítica puede aplicarse a la misma novela en otro de sus planos, pues a esta idea de escribir el cuento de reinas, reyes y caballeros de ajedrez, Carroll le superpuso otra idea generadora que también podría ser la primera y básica, ya que es la que le da título a la obra, es la más productiva en los detalles circunstanciales. Esta otra idea es la de hacer transcurrir la aventura de Alicia en el mundo al revés del espejo. Ahí ya en la premisa hay un error. El espejo no lo pone todo al revés, apenas se traspone la derecha y la izquierda, no el arriba y abajo, ni el adentro y afuera, ni ninguna otra pareja de opuestos espaciales, apenas si podría aducirse que transpone lo lejano y lo cercano pero eso es discutible. Carroll amplía esta modesta inversión y lo invierte todo: en el mundo del espejo hay que correr para estar inmóvil, hay que quedarse quieto para avanzar, los efectos preceden a las causas, la sed se sacia con bizcochos secos, para comer un pastel primero hay que repartir las porciones y después cortar el pastel en porciones. Estos ejemplos llamativos ya están indicando que Carroll no lo invirtió todo ni habría podido hacerlo. Cuando la reina roja le da bizcochos secos a Alicia para calmar su sed, esta sed la ha producido una larga y veloz carrera, pero si todo estuviera al revés, correr no debería secar la boca como en el mundo de este lado del espejo. Las mismas incongruencias se dan a cada página, a cada párrafo. Si la sucesión temporal se hubiera invertido consistentemente, no solo la reina blanca gritaría de dolor primero, para pincharse el dedo con una aguja después, sino que toda la aventura tendría que reorganizarse de un modo imposible. De hecho, en la novela las cosas suceden normalmente, con alguna inversión chistosa aquí y allá, como para recordarnos que estamos en un mundo al revés. El hecho mismo de que haya una superposición de dos ideas generadoras es objetable. Son dos ideas distintas e independientes, cuya continuidad las relaciona de modo confuso. El ajedrez no es un mundo al revés. La relación más legítima, y solo hasta cierto punto, es la del ajedrez y el espejo porque los dos bandos en el ajedrez se enfrentan en espejo: el jugador con las blancas tiene el rey a la derecha, su contendiente lo tiene a la izquierda. Pero el juego es más representación simbólica de la realidad que inversión de esta. Carroll propone vagamente una inversión de la pareja símbolo-realidad y de ahí derivan las teorías de Humpty Dumpty sobre las palabras, la transformación de los restos diurnos en el trabajo del sueño, la generación de seres y hechos a partir de poemas. Una tercera idea central se superpone a las dos ya superpuestas: el rey negro aparece en un solo episodio y dormido al pie de un árbol, le explican a Alicia que está soñando y su sueño es la aventura que ella está viviendo. Ella misma es un sueño, Alicia lo pone en duda como haría cualquiera, pero sucede que ella misma está soñando en ese momento y cuando se despierta al final de la novela, se pregunta si lo que le dijeron no sería verdad. Esta irrupción del tema de los dos soñadores engancha con los otros dos temas: con el del ajedrez, porque el rey negro es la única pieza en la formación inicial que no hace ningún movimiento, que duerme todo el tiempo; con el del mundo al revés por la inversión reciproca que plantean el sueño y la realidad. No obstante el mecanismo de la intuición/ inversión no es del todo perfecto. Para que lo fuera el rey negro debería estar soñando no el sueño de Alicia sino su realidad.

Las distintas ideas generadoras, la del ajedrez, la del espejo, la del soñador soñado, son independientes una de otra, y su agregación en una misma novela es otro rasgo más por el que ese niño lector quisquilloso que no sabe nada de literatura podría agregar reproches de mala praxis. Ninguno de los temas está tratado con la exactitud que pide el niño. La partida de ajedrez es defectuosa, las inversiones del espejo no están llevadas a sus últimas consecuencias, el soñador soñado no establece la debida simetría. Si además estos temas se acumulan, menos posibilidades habrá de cumplir las reglas. El autor se buscó estos reproches no solo por apelar a lectores niños sino por plantear la novela de acuerdo a esa determinada mentalidad infantil que prospera en el juego de simetrías y de lógicas.

La promesa de perfección nace junto con la decisión de usar un procedimiento: ante la plenitud desconcertante, en ocasiones angustiantes de posibilidades que se abren al creador, el procedimiento, cualquiera que sea, establece un protocolo de acción y reacción, marca los caminos, encauza la inspiración. Es un juego de reglas, y como contrapartida o pago de sus beneficios exige que esas reglas se cumplan. Salvo que en realidad nadie exige que se cumplan. El conjunto de reglas se lo ha impuesto el autor para mitigar el azar salvaje de la página en blanco. En tanto le ha servido puede desobedecerlo impunemente, nadie exige que las reglas se cumplan, salvo ese niño hipotético que, repito, no sabe nada de literatura ni le interesa la literatura en sí. Ese niño está en la misma posición de mi amigo que detectaba la distracción de Bizzio con los dólares. En ese momento mi amigo, adulto y él sí literato, actuaba como si no hubiera literatura, que es lo que explica la incomodidad y hasta la irritación que producen esas detecciones de errores.

Este entrar y salir de la literatura es propio de la novela, en parte por la premisa de realismo de la que surgió el género, en parte simplemente por su extensión. Es por eso que la novela es el único género que en forma de libro pudo volverse consistentemente comercial, es decir, apelar a un público no literario. El niño que postulé es la mentalidad infantil preliteraria que en la prolongación de la lectura retorna intempestivamente. Primero está la lógica, la lógica implacable de la mentalidad infantil. Después, la estética.

Carroll se impuso un marco regulatorio de ajedrez e inversiones y en el curso de la novela fue obedeciendo y desobedeciendo esas reglas sin gran cuidado. Al comienzo de la novela hay un guiño en ese sentido. Alicia recuerda una discusión que ha tenido ese día con su hermana y que servirá no solo como resto diurno, sino como garantía de imperfección o control de falta de calidad. Alicia le propuso a su hermana jugar a que eran reyes y reinas de ajedrez. La hermana, a quien le gustaba ser muy exacta, es decir, que aquí encarna las exigencias de la lógica preliteraria, respondió que era imposible porque ellas eran solo dos y los reyes y las reinas del ajedrez sumaban cuatro. Las soluciones correctas habrían sido representar solo a las reinas o solo a los reyes o a un rey y una reina. Pero Alicia, anunciando el triunfo del capricho estético, propuso que su hermana fuera uno, un rey o una reina, y ella sería los otros tres. Ahí se esboza una renuncia a la adecuación perfecta de la representación. Pero más que eso, se sugiere la posibilidad de esta adecuación perfecta en términos matemáticos. Hay que postular esta adecuación para renunciar a ella.

La experiencia me dice que todo novelista actúa así, con una medida de irresponsabilidad, desviándose siempre hacia la izquierda de la simetría, con razonamientos a medias, provisorios, para ver qué pasa, confiando en que las cosas se arreglarán solas. Nada más corriente que el novelista justifique su pereza, sus pocas ganas de seguir trabajando, las chapucerías que ya cometió, diciendo "ya se arreglará solo", "ya hice suficiente, el resto se hará solo". Esto tiene una razón de ser, bien experimentada: una vez que la novela ya esté escrita y publicada, el lector no tiene más remedio que aceptarla tal como está. A las imperfecciones se le encuentran razones y se vuelven perfecciones. En general, las cosas se arreglan solas, en la lectura, es la otra acción en espejo frente a la del escritor. En la lectura la distracción se refleja como atención, la chapucería y la pereza como labor encarnizada de una serie virtualmente infinita de lectores hermeneutas.

Ahí empieza a actuar el tiempo, al que hasta entonces mantuve entre paréntesis. El tiempo hace que toda novela se vaya acercando, en una lenta escalada, hacia su forma propia de perfección, en tanto el tiempo va haciendo subir el nivel de lo literario y arrinconando lo preliterario, la lógica de las imperfecciones hacia el presente que fue. Es en ese presente que los lectores preliterarios se encarnizan en actualizar donde se acumula la tontería, la mezquindad, la puerilidad. El tiempo pule y perfecciona, crea el hueco donde va a calzar lo realmente existente y lo pone en él. Por más que el novelista se esfuerce, eso no puede pasar en el presente, con la obra que se está escribiendo, porque todo proceso es proceso de imperfección y asimetría. Y más vale que no se esfuerce, porque estaría saboteando por anticipado la acción benévola del tiempo. El novelista se rinde, se entrega a la imperfección, hace su trabajo como mejor puede y nada más.

Un escritor siempre está compuesto de vida y obra. La vida es imperfecta, no solo porque es un proceso sino porque es material. Su imperfección se transmite a la obra por la vía del inacabamiento, la muerte termina con la vida y deja a la obra inconclusa. Aunque no es necesario ir a algo tan patético o definitivo. El inacabamiento se debe a pequeñas muertes cotidianas, desfallecimientos de fuerzas, de ganas, cansancio, desaliento, apuro, interrupciones. La imperfección es una forma particular del inacabamiento, no haber seguido trabajando hasta la perfección. Si no quedó tan bien como debería haber quedado fue por no haber llevado el tiempo a sus fines naturales, a su plenitud. De esta nostalgia debe de venir el mito de la eternidad de la obra de arte. El mito correspondiente es el de Virgilio pidiendo al morir que se destruya la *Eneida* por no haberla terminado o llevado a su perfección. El tiempo, los mil años de la Edad Media, se ocupó de premiar estos escrúpulos haciendo de su obra un oráculo: las suertes virgilianas consistían en abrir su libro al azar y poner el dedo en un verso cualquiera, que era la respuesta a la consulta, aun cuando este desmembramiento atenta contra la coherencia de un buen argumento. La respuesta precede a una pregunta casual hecha siglos después.

La segunda de las tres novelas es la novela mecánica, que es la que se escribe sola a partir de una idea o propuesta que desencadena una serie de desarrollos más o menos automáticos. Podemos pensar en las novelas, tan abundantes, cuyo argumento se superpone al de un proceso institucionalizado, en cuyo caso no hay más que seguir sus pasos, uno a uno, condimentándolos con los rasgos psicológicos de los personajes, de algunos accidentes o variaciones. Puede tratarse de un proceso judicial como el *Michael Kohlhaas,* de Kleist o, más claro, *El duelo,* del mismo Kleist, o un proceso administrativo como *César Birotteau,* de Balzac, o la creación y el crecimiento de una empresa comercial, como *Au Bonheur des Dames*, de Zola. En Zola prácticamente todas las novelas del ciclo Les Rougon-Macquart siguen procesos sociales institucionalizados, con más o menos rigor: la carrera de un político, de un financista, de una prostituta, una huelga, la degradación progresiva producida por el alcohol, una vocación artística. Si pensamos que el amor, el matrimonio, el aprendizaje de la vida, la profesión y hasta el crimen, la aventura, el adulterio pueden entrar en la categoría de procesos sociales institucionalizados, apreciemos la amplitud de esta categoría de novela, que se mecaniza calcando el desarrollo de dichos procesos. Pero el modelo más claro de lo que yo llamo "novela mecánica" es el de *what if*, es decir, una premisa de historia contrafactual. Doy un ejemplo en el que vi actuar este modelo en todo su potencial, una muy extensa novela de Arthur Clarke que leí una vez, no me acuerdo cómo se llamaba. Un científico descubre un modo de anular la acción de la pólvora, con lo que desaparecen del mundo las armas de fuego. Esa es la idea inicial. A partir de ahí los muchos cientos de páginas de la novela exploran las consecuencias bélicas, policiales, políticas, sociales, a que da lugar el cambio de situación.

No sé si este automatismo facilita el trabajo del autor, persiste el compromiso de inventar y verosimilizar, y quizás hasta se hace más difícil porque los márgenes en la invención y la verosimilización se estrechan. En esta novela de Arthur Clarke hay que ver cómo se las arreglan los gobiernos para combatir el crimen, se provee a la policía de ballestas de alta tecnología y lanzallamas perfeccionados, hay que resistir a la tentación de incrementar la producción de armas nucleares (los rusos por supuesto no se resisten), los señores de la guerra evalúan las posibilidades de la catapulta, la cerbatana, la jabalina satelital... En términos de facilitación, esta que llamo novela mecánica solo facilita el trámite del desarrollo del argumento proveyendo su lógica, el trabajo toma un tinte ligeramente infantil, como ir llenando cuadritos con colores diferentes. Otro ejemplo, leído recientemente y de mayor calidad literaria: *The uncommon reader*, de Alan Bennett. Aquí la premisa es que la reina de Inglaterra, Isabel II, descubre, ya en su madurez, el placer de la lectura. La breve novela desarrolla las consecuencias: la reina se vuelve inteligente, sensible, empiezan a aburrirla las funciones protocolares, adquiere una superioridad intelectual que termina volviéndola un peligro para la institución monárquica... Aquí tampoco es tan fácil, la calidad literaria a la que aludí ya está indicando que hay un trabajo calificable, que se puede hacer mejor o peor, hay que inventar las circunstancias plausibles para que la historia se ponga en marcha. Bennett lo hace con desenvoltura, con exquisita economía se limita a postular un lector dotado de todos los beneficios intelectuales y afectivos que proporciona la lectura y se encamina a él paso a paso, libro a libro, a partir del progresivo, es decir, regresivo despojamiento de esos beneficios hasta llegar a la primera página. La reina comienza a leer solo porque ve, desde la ventana de su cuarto, la combi de la biblioteca ambulante que se instala en el parque del palacio de Buckingham una vez por semana. Ninguno de los habitantes del palacio saca jamás un libro, salvo un pinche de cocina. Tanto como para no desperdiciar el combustible y el tiempo de la combi (porque la reina de Inglaterra es legendariamente avara), ella saca un libro casi al azar, es una novela de

Ivy Compton-Burnett, a la que recuerda haberle dado un título honorífico alguna vez en el pasado. La lee, no le gusta, le resulta seca, fría, aburrida. Devuelve el libro a la semana siguiente cuando vuelve la combi. Ahí habría terminado todo, si no fuera porque ve un libro de Nancy Mitford, a la que también recuerda, y se lo lleva. Entonces sí, se engancha, y con la asistencia del pinche de cocina gay, al que hace su secretario, se lanza a una deliciosa cabalgata de lectura cuyo punto más alto es Proust, preparando el hermoso final.

A pesar de las dificultades y el trabajo, frente a la novela mecánica se diría que el esfuerzo propiamente creativo del autor termina con la confección de la idea inicial, el resto es solo oficio, en todo caso redacción creativa. La invención de personajes utilitarios y detalles circunstanciales aporta con su funcionalidad a la idea. El desarrollo de la novela mecánica es una lista y hay que ir tachando ítems. De la idea inicial se dice que debe ser productiva. Aquí eso querría decir que la lista sea lo más larga y colorida posible. La lista de Bennett es una lista de libros, su propia lista de libros, porque la historia contrafactual es la historia como la habríamos hecho nosotros. La lista de Clarke surge del fantaseo utopista organizado. Pero tomemos un caso primigenio: *Robinson Crusoe*. La idea: un náufrago solo en una isla. La lista: comida, abrigo, protección, estados de ánimo derivados de la soledad, etc. No hay más que ir poniéndolos uno tras otro y entrelazándolos. Lo contrafactual aquí es la identificación, pues la idea está tomada de un hecho real y el autor prepara su lista preguntándose "¿qué habría hecho yo en su lugar?". La historia contrafactual sigue siendo la historia, pero hecha por el novelista. El modelo sigue siendo la historia tal como sucedió, pero a partir de un hecho que no sucedió. La llamada novela histórica, o la biografía novelada, o todo ese subgénero en sus distintas variantes, deriva su aire general de fraude de que no tiene lo que aquí llamo "idea inicial", es algo así como una novela mecánica que ni siquiera tiene mecanismo. Viceversa: si hay una idea inicial, la novela es mecánica. Tomemos otro ejemplo primigenio, el *Quijote*: un lector que alucina con el mundo de los caballeros andantes sale a buscarlos en la prosaica realidad de su mundo contemporáneo. Aquí la lista también es lista de libros, su originalidad todavía no agotada, es que se trata de una lista doble, una lista de equivalencias entre los topois del sueño y los de la realidad.

La novela moderna nace mecánica, la asociación de la novela con el realismo tiene que ver con este nacimiento. El realismo es maquinístico en tanto la mecánica de la realidad es la de las causas y los efectos. El realismo de la novela se volvió el modelo por excelencia de lo mecánico, es decir, el sistema de causas y efectos sociales regidos por el interés. La novela mecánica se hace sola, se desprende del autor, o lo hace intercambiable, lo hace una mera inteligencia de oficio. La novela encuentra entonces su destino de novela, ese realismo, esa objetividad que la justifica. La novela mecánica es la novela que le soluciona al autor el problema de cómo escribirla, cómo continuarla de capítulo a capítulo, y el lector perspicaz la va escribiendo junto con el autor. Hay una feliz redundancia, que es la clave de la cultura popular, y por lo tanto de un pensamiento preliterario: tomada en sentido inverso, retrocediendo desde ahí, eso es lo que hace literaria a la literatura. La novela en general es una divisoria de aguas, es el género que sustituye al lector por el público. Con este último el contrato de lectura se institucionaliza en un nivel posliterario, la dialéctica del niño y el público, de lo pre y lo posliterario encierra en un movimiento de pinzas al lector literario y le produce una fascinación.

Otro aspecto de esa misma dialéctica es el que se plantea entre lo primitivo o primigenio y lo contemporáneo. En efecto las listas de estas dos novelas primigenias que di como ejemplo, *Robinson Crusoe* y el *Quijote*, se hicieron con elementos contemporáneos del momento en que se escribieron y toda su eficacia provino de esa prosaica y comprobable realidad contemporánea, en contraste con el elemento prehistórico o mítico de la idea, el Adán solitario, único habitante de un mundo vacío o la materia legendaria de los caballeros andantes. La dialéctica generativa opera con la realidad y lo novelesco. La idea que pone en acción la mecánica es novelesca, su desarrollo se ajusta con un matiz de reconocimiento cómico a la realidad.

Así como a la novela imperfecta la incluí en el rubro general de la novela inacabada, a la novela mecánica la puedo considerar un caso particular del fantaseo o *day dreaming*, ya que este es el formato de base o el modelo de la historia contrafactual. Se forma un cuadrado con dos vértices del lado de lo general, lo inacabado y el fantaseo, y dos del lado de lo particular, lo imperfecto y lo mecánico. Los dos elementos generales se atraen y reflejan hasta confundirse, el fantaseo siempre queda sin terminar, porque se alimenta de revisiones, repeticiones, correcciones, es un perpetuo borrador. Los generales se concretan en particulares en forma de novela. El campo en el que las novelas comparten las problemáticas de la novela imperfecta y la novela mecánica es el de los llamados géneros (policial, terror, sentimental, ciencia ficción, *fantasy*). El contrato en la novela de género no se hace con el lector sino con el público, es un contrato sociocultural amplio, difuso, que se mide con una eficacia peculiar propia. A diferencia de la novela literaria, la de género apunta a una perfección, que es perfección de eficacia, es una perfección definida de antemano por el público. Podría decirse que toda novela es mecánica en tanto todas consisten en su desarrollo de una lista, la lista de sus episodios sucesivos, pero no todas son mecánicas en tanto varía la lógica de esta lista. Lo difícil evidentemente es conseguir que la lista no sea sucesiva sino que forme, contradiciendo la sucesión natural y fatal en que se dará, una especie de circuito causal cerrado, más parecido al círculo que a la línea. Y ahí el adjetivo mecánico toma otra acepción, la de una máquina que funciona bien.

En la sección anterior, con la que comencé, yo tomaba el punto de vista del autor que necesita facilitarse el trabajo. Desde el punto de vista del lector, mecánico sugiere lo previsible, es decir, la redundancia de la cultura popular o también lo duro, metálico o poco flexible, o poco elegante, de piezas que encajan con ruido seco unas en otras. A eso se refieren, por ejemplo, Borges y Bioy Casares en el prólogo a sus guiones de cine, en 1951: "Durante mucho tiempo creímos que un buen argumento era de importancia fundamental. Lo malo es que en todo argumento complejo hay algo de mecánico, los episodios que permiten y que explican la acción son inevitables y pueden no ser encantadores". Aquí está operando otra vez el quiasmo entre la novela imperfecta y la mecánica. El pasado, evocado en la expresión "durante mucho tiempo creímos", puede aludir a 1940, el final del prólogo a "La invención de Morel": "He discutido con su autor los pormenores de la trama, la he releído, no me parece una imprecisión o una hipérbole calificarla de perfecta". Se refiere a una perfección previa a la novela, previa y además posterior. La discusión de la trama y luego la relectura hacen de la literatura cosa mutable. Perfecto aquí significa que resiste a la busca de objeciones o defectos, busca que materializa al niño. Borges coqueteó con la idea de una imperfección significativa, esa pequeña incoherencia que sugiere algo que quedó sin decir y le da al lector la sensación de ser más inteligente que el autor, culminación de la celebrada cortesía borgeana. Lo que nos hace preguntar si en el fondo la imperfección no será una forma de cortesía. No es imposible, basta pensar en la torturante pesadilla que sería una cortesía perfecta. En todo caso, esta idea de Borges haría de la imperfección un auxiliar de la lectura o de la atención que constituye la lectura. De modo que con solo curvar la línea de la lista hasta que sus extremos se junten, tendríamos la novela perfecta. La novela perfecta existe y es *Tom Jones*, pero *Tom Jones*, en tanto novela perfecta, es un fenómeno histórico y como tal irrepetible. No es tanto que sea perfecta como que provee el efecto de perfección. Ese efecto resulta de la creación previa de ecuaciones a resolver y sus consiguientes resoluciones. El efecto de reflexión se confunde con el efecto de gratificación, es algo así como un mecanismo de espejo en el tiempo, lo que el lector hace en un sentido, el autor lo ha hecho en el contrario, empezó por la respuesta y después creó el problema. La respuesta es la ecuación resuelta, el estado estable, social, económico, familiar, los hijos son hijos de sus padres, la riqueza está en manos de sus dueños, los honestos han sido premiados y los delincuentes castigados, es decir, todo lo que debía reconocerse ha sido reconocido, las identidades se han fijado de una vez por todas, eso es lo histórico de la perfección de *Tom Jones* y lo que la hace irrepetible, se escribió en un momento en que la identidad final no estaba sospechada, muy poco después (la novela es de 1749), esa confianza se derrumbó. Resistió en cambio el modelo de perfección novelística que había establecido y se lo ejecutó en formato de comedia privada, pero justamente, lo que el tiempo hizo con la perfección de la novela puede volver a hacerlo con la imperfección por la vía del automatismo, alguien, un lector, un lector filólogo, reconstruirá tarde o temprano la idea de una novela y de ella deducirá la lista, y encontrará que esa lista está milagrosamente consumada en la novela que está leyendo. Será como una coincidencia mágica que le producirá un deslumbramiento, y este, aunque modesto y pasajero, bastará para que se olvide de buscar imperfecciones.

La juventud de Rubén Darío[9]

La alternativa principal a la que se enfrenta el escritor es la de hacer productos literarios que valgan por sí, como mercancía cultural, o hacer primar el trabajo de hacerlos, el relato biográfico del que su persona puede llegar a ser soporte, y dejar que sus escritos sean nada más que señales de un itinerario, huellas de un trabajo, sin un valor específico. Puede inclinarse por una u otra alternativa. Pero la inclinación no basta para tomar una decisión. Los dos caminos no son independientes: si por un lado es cierto que un libro no vale nada sin su autor, que le da peso y realidad, por otro lado un autor no pasa de ser un grumo patético de narcisismo si sus libros no son lo bastante buenos. Producción y producto, vida y obra, se necesitan mutuamente. Pero la alternativa persiste al margen de la sana razón. El escritor odia pensar que un libro suyo pueda ser separado de él y circular como una mercancía, así sea prestigiosa y admirada, entre desconocidos y extranjeros; al mismo tiempo sabe que tendría que ser así para que él pudiera seguir funcionando como escritor. Si odia esta separa-

---

[9]. Congreso de Literatura Latinoamericana, Universidad Nacional de La Pampa, noviembre de 1993.

ción es porque su modelo, y su realización plena, es la desaparición: la muerte del escritor hace coincidir los dos caminos, es la síntesis superadora de la contradicción. Pero mientras tanto, mientras siga vivo, el problema sigue en pie.

Creo que la existencia de este problema, la vigencia del "mientras tanto", deriva del momento histórico en el que estamos. Mientras seguimos vivos, sobrevive una época anterior, la de los autores que amamos, la de nuestros maestros y nuestras ilusiones. A la época en que vivimos solo la encarnamos y la representamos después de muertos, cuando nuestra persona deja de hacer obstáculo a la fusión plena de nuestra obra y nuestro tiempo. Pues bien, el momento actual es el de la disolución del modernismo, la transición a formas nuevas de crear y consumir arte. Una de las manifestaciones de este cambio es la cíclica expansión y contracción del público o los públicos posibles. Podría parecer una cuestión marginal; para quienes nunca han tenido ninguna especie de público, se diría una preocupación bizantina. Pero me refiero al público inmanente del arte, el que lo informa en su génesis misma: el público, por otro nombre, la calidad.

El público del arte premoderno abarcaba a la sociedad íntegra, siquiera virtualmente, porque sus génesis respectivas, la de la obra de arte y la del público, respondían a un mismo proceso, que era lineal, racional e ininterrumpido: era un aprendizaje y asimilación de habilidades crecientes por el que se transitaba sin ruptura alguna, desde los rudimentos a las obras maestras. De la alfabetización a Dante, de la geometría elemental a Durero, del estribillo infantil a Mozart, no había hiatos.

El arte moderno fue una restricción del público, justamente porque sí había hiatos. El *Pierrot Lunaire* o *Las señoritas de Avignon* o *Malone muere* no están en el extremo de ningún proceso lineal: al contrario, les es connatural la ruptura de ese proceso, y acaso podría decirse que esa ruptura es su razón de ser. El modernismo necesitó su público propio, necesitó crearlo, mantenerlo, ampliarlo, afinarlo, un público que de ninguna manera se identifica con la sociedad en la que está inserto. No me atrevería a intentar siquiera una enumeración y jerarquización de las causas para que esto pasara; de todos modos, la sobredeterminación es de rigor. Pero señalo uno de los motivos, en el que quizás, puliendo con cuidado sus facetas, podrían verse reflejados todos los demás: la globalización de Europa, por la vía del colonialismo y la expansión del capitalismo. El modernismo fue la definitiva floración de la civilización europea, y lo fue por ser la respuesta expresiva al hacerse mundo de Europa: un arte que no ve más remedio que extremarse y asomar por el otro lado, hipercivilizado hasta el salvajismo tribal, cargado de sobreentendidos culturales hasta el extrañamiento exótico, autogenerado hasta la especialización profesional.

Una diferencia entre la obra de arte clásica y la modernista está en que el clásico explicita en el contenido las condiciones sociales de aparición de la obra y el moderno lo hace en la forma. El público se restringe en consecuencia a las personas interesadas en los mecanismos formales del arte. No se pierde nada, porque la vieja explicitación por el contenido la asumen los géneros populares: las funciones educativas, excitantes, sentimentales, de pasatiempo, de socialización encuentran en los medios masivos, que nacen para ello, su vehículo ideal, y descargan al arte de todo lo que no sea su juego formal. Este juego tiene su pequeño público disperso, ajeno a toda determinación social salvo la más básica. La desaparición de la red de patronazgos y su reemplazo por la cuantificación abstracta del mercado hacen posible esta restricción.

La generación formal inmanente de la obra de arte modernista apela a ese público azaroso, que se ignora a sí mismo en tanto público: el camino de la obra de arte se realiza en un movimiento sinuoso, accidentado, pero instantáneo, ajeno a todo aprendizaje. El espectador lo es por accidente milagroso, y nunca podrá estar seguro de que su vecino, o su hermano, o su cónyuge lo están acompañando en la apreciación. El proceso tanto de producción como de aprendizaje de la percepción de la obra de arte moderna es discontinuo, provocativamente irracional. De ahí la incomodidad de las relaciones del modernismo con las grandes restauraciones racionalistas del siglo XX, el marxismo y el psicoanálisis.

Creo que hoy podemos ver el modernismo como ese gran capricho histórico que fue, justamente porque se extingue ante nuestros ojos. En nuestros tiempos posmodernistas asistimos, no sin sorpresa, a la reaparición de un público global. Todo el mundo ama a Madonna o a Schwarzenegger, y ellos sí, como en el mundo clásico, son productos de un proceso racional y lineal.

Esto es una simplificación, por supuesto, pero apunta en la dirección de mi disyuntiva: ¿la producción o el producto? ¿El artista o la obra? Si el posmodernismo es un triunfo del producto, si asistimos a un regreso masivo del contenido, lo hacemos desde la perspectiva nostálgica, si no horrorizada, de artistas y público formados en los valores modernistas, a los que no podríamos renunciar sin pérdida de casi todo lo que amamos. La solución, de más está decirlo, será matizada, negociada, de compromiso. Y no la veremos nosotros. Lo que sí podríamos llegar a ver es la transición que se dio en el alba de la modernidad americana, hace justo un siglo, en condiciones que, si el razonamiento anterior es correcto, son el reflejo inverso de las actuales.

El modernismo hispanoamericano se corresponde con el europeo en tanto participa de la universalización de Europa. En lo que tiene de programático, nuestro "modernismo" pretende ser la expresión de un estado de cosas llamado "lo Moderno". Es un fenómeno mundial, y tiene dos caras. Por un lado, es la primera vez que la cultura europea se hace universal; por otro, sospecho que es la primera vez que la cultura americana se universaliza plenamente. La incorporación anterior de estilos que se había dado en América (el barroco, el neoclásico, el romántico) no había tenido el mismo carácter: había sido un préstamo fantasmático hecho por individuos descontextualizados. Con el modernismo, el artista americano puede proponerse una creación que siendo europea, desafiantemente europea, responda también a su medio. Lo hace posible la aparición de grandes ciudades modernas en el continente.

Los viajes juveniles de Rubén Darío son una escalada hacia la ciudad moderna, periplo ansioso cuya culminación natural debería haber sido París, pero fue Buenos Aires. París, más tarde, fue para Darío la sede del desencanto y la disolución. Fue así porque París es, podría decirse, el original de la gran ciudad moderna, y eso es un oxímoron decepcionante, porque la ciudad moderna nunca es un original, siempre es réplica, réplica de otra ciudad, para poder ser la extraterritorialidad donde se produce lo moderno. Ya en el siglo XX, toda ciudad será fantasma de otra ciudad, todos los grandes artistas, aun los más identificados con una ciudad, serán habitantes de esos espejismos siempre duales. En el XIX, París seguía siendo su extremo insustituible, demasiado real para los fines de un arte que pretendía formalizarlo todo, hacerse réplica del mundo.

En este sentido, Buenos Aires fue perfecta. Cosmópolis. La ciudad de Rubén Darío. Y no es que a Buenos Aires le faltara realidad, todo lo contrario. Sin una realidad fuerte, la réplica carece de su elemento operativo. La prosperidad de Buenos Aires en 1893 era muy real. De pronto se había hecho evidente que habría mejor literatura donde hubiera mayor desarrollo económico. Eso era nuevo. Antes no era así salvo por el patronazgo de los centros virreinales. Caído desde hacía un siglo este patronazgo, el artista hispanoamericano había languidecido en el pastiche. La literatura se había vuelto mero apéndice del viaje. Aquí habría que hacer una diferencia entre artes en general (música, pintura, arquitectura) por un lado y literatura por otro. Mientras que las artes pueden superar por su mero movimiento interno su inautenticidad, la literatura necesita condiciones externas, de pensamiento. La modernidad se presenta como la ocasión de crear un sistema pleno, en el que ya no importaba que se tratase de pastiche, porque se había puesto a la universalidad a trabajar a favor, no en contra.

De hecho, la réplica, para no cosificarse y volverse mero reflejo, debe proseguir el movimiento y replicarse a sí misma. La ciudad es réplica perfecta, alucinatoria, de otra ciudad. Esto no pasaba con la ciudad antigua, ni con ningún otro pasaje sobre el que se hubiera ejercitado la imaginación poética. La ciudad moderna es el primer escenario intercambiable. Pero esto sería estéril si se agotara ahí. No lo hace, porque la réplica de la ciudad es un sujeto. Basta con que el sujeto se postule como moderno (y es lo primero que hace, casi podría decirse que es lo único que hace) para que todo su funcionamiento reproduzca fatalmente a la ciudad, o la exprese al modo de la réplica. Porque el mundo es moderno, esa es la hipótesis de la que se parte, y la modernidad es ese cambio permanente, esa maquinación de originalidad y novedad que se da por excelencia en el sujeto exacerbado, en el neurótico y el raro.

Baudelaire fue el poeta de esta subjetivación de la ciudad. "La forme de la ville change plus vite, hélas, que le coeur d'un mortel". Estos versos han sido interpretados en general en uno solo de sus sentidos, el nostálgico o pesimista. Pero es el otro sentido el que ha actuado sobre la literatura moderna: la creación de una velocidad en la que pueda superarse la contradicción de subjetivo y objetivo, la aceleración de las formas de la ciudad y del corazón, hasta que se alcancen una al otro y puedan realizar el sueño final de la literatura, que, como bien sabemos, es el realismo.

El contraste del modernismo dariano con la literatura hispanoamericana anterior es decisivo en este aspecto. No miremos tanto la literatura que se hizo como los puntos o las condiciones en que podría esperarse encontrar una buena literatura. Antes del modernismo (y en buena medida también después de él) solo podíamos esperar una gran literatura americana en términos de realismo local: la universalidad estaba puesta del lado malo, en contra. El modernismo, mediante este complejo de ciudad y sujeto, la pone a actuar a favor. Por ser lo que es, el modernismo hará un desgaste rápido de sus condiciones, y el complejo actúa a pleno solo en el momento de su nacimiento, durante lo que he llamado "la juventud de Rubén Darío", en última instancia en un lugar y fecha precisos: Buenos Aires, 1893.

Lo nuevo se encuentra "au fond de l'inconnu", y para llegar a ese fondo el camino que toma Darío, que viene de los extremos objetivos del aprendizaje, la imitación y la infancia, es el de la subjetivación. Según la fórmula inmejorable de Ángel Rama, la "subjetivación violenta". El encuentro de Darío con lo nuevo tiene dos etapas: la chilena en 1890 y la de Buenos Aires en 1893. En la primera, la violencia de la subjetivación tiene un tono obsesivo. Tal como podemos verlo en *Azul...* al trabajo poético se lo toma por el lado de sus efectos. Lo que resulta de la existencia del poeta es una galaxia social que gira en torno a él. Mónada o punto de vista en el que se reproduce lo real de una sociedad, el poeta es la víctima sacrificial de la opulencia y el epicureísmo burgueses. Marginado, desatendido, rechazado, al fin es asesinado por esa sociedad.

Es una situación sin salida, una aporía. La causa siempre es subjetiva, el efecto objetivo. El poeta es causa de su trabajo, pero el efecto proviene de lo real. La subjetivación violenta y masiva enturbia la historia del crimen que se efectúa en la persona del poeta. Porque si bien la escena parece repetir la del crimen romántico, las condiciones han cambiado en un punto sutil pero sustancial. Podría decirse que se han invertido. Mientras el romántico se hallaba exiliado en un mundo materialista, del cual reclamaba una imposible espiritualización, el moderno golpea a las puertas de ese mundo filisteo y le pide una sola cosa, y muy concreta: dinero.

Mediante el dinero el poeta sabe que podrá espiritualizarse, o más bien estetizarse, él mismo, con lo que, de acuerdo con la lógica de la subjetivación, se estetizará el mundo. El dinero es la subjetivación misma, la "subjetivación violenta", pues la violencia va de sí, con el deseo que pone en marcha la primacía del dinero.

Este desplazamiento de espiritualización a estetización, del que es emblema la figura de Des Esseintes, equivale a un pasaje a la forma. Y podemos sospechar que el lamento del poeta, por su miseria, su marginalidad, su falta de lugar, es un argumento pro forma, una especie de alegoría, o en todo caso una tematización. Las condiciones de la vida moderna, la emergencia del mercado, del consumo, como tabla rasa de los deseos, hacen del dinero una tematización generalizada, un pasaje fluido del contenido a la forma. Si la vida del poeta constituye un problema, a nivel del tema o el contenido, la solución está en el pasaje a la forma.

Quizás convendría reemplazar aquí la anticuada terminología de "forma y contenido" por los equivalentes que les dio Wallace Stevens: "imaginación y realidad". La imaginación es el proceso de la forma, la formalización del mundo dentro de los límites del yo. La realidad es el contenido en tanto otredad irreductible. En los parámetros de la subjetivación que se dio en el momento de la constitución de la sociedad moderna, vale decir la subjetivación por el dinero, la realidad pudo parecerle al joven Rubén Darío pasible de formalización. Si el dinero puede ser el puente entre imaginación y realidad, entre forma y contenido, es porque el dinero es la clave de las réplicas, la replicación absoluta del mundo. Pero la realidad de las réplicas está en los objetos.

La segunda etapa de la creación del modernismo, la etapa de Buenos Aires, será el pasaje al acto, la realización, como en un cuento de hadas, del programa imposible de *Azul...* Quiero creer que este estatus de realidad plena que toma la poesía de Rubén Darío desde Buenos Aires explica su falta de sustancia en términos representativos. El crítico que se inclina sobre las *Prosas profanas* se encuentra en la posición algo incómoda de tener que hacer a un lado muchos elementos, ignorar los temas, las atmósferas, las ideas... Para explicarse la grandeza de estos poemas prodigiosos, debe cerrar los ojos a virtualmente todo lo que son esos poemas: si toma algo, así sea muy poco y muy bien escogido, corre el riesgo de que se le escurra entre los dedos como arena, como ceniza de cursilerías muertas... En efecto, aquí Darío ha dejado atrás toda tematización, al llegar al trabajo en sí, y la vida del poeta se vuelve procedimiento de creación de objetos poéticos.

El continuo del dinero cubre toda la modernidad, pero, por ser una subjetivación cuantificada, debajo de él persiste una discontinuidad: los objetos. Se ha dicho que la era moderna es la era de los objetos. En efecto, objetos ha habido siempre, pero fue el capitalismo en su fase superior el que les dio la primacía en el desciframiento del mundo. Solo los objetos están cargados de sentido pleno. En la medida en que se desengancha de ellos, el sujeto se vacía y lo invade el *spleen* o la ensoñación morbosa. Al menos eso pasaba hace un siglo: después encontramos modos cada vez más eficaces de no desengancharnos. Entre otras cosas, la modernidad fue un método práctico, lleno de ejemplos coloridos y extravagantes, de disponer los objetos en el campo magnético de la subjetividad. Pero durante la juventud de Rubén Darío, en la época de la emergencia triunfal de los objetos, la subjetividad estaba todavía en pie de guerra (la "subjetividad violenta"), y el sentido de los objetos era problemático, huidizo.

Nada ilustra mejor esta situación que la figura de Sherlock Holmes, sumo sacerdote de la significación de lo objetivo. Su fascinación sigue actuando, y es difícil imaginar qué circunstancia, qué decadencia de la semiótica de los objetos, haría que la dejáramos de sentir. El mito de Holmes es el del hombre que hace hablar a lo inerte. Una mota de polvo rojizo en un zapato, un recorte de uña bajo el microscopio pueden contar largas historias. Pero hasta ahí seguimos en la ficción del mito, en su fábula. El sentido del objeto es su precio: veinte años de cárcel, o veinte centavos. Ante todo, y como base de cualquier significado que pueda transportar, lo que significa un objeto es el lugar social de su propietario, de su porteador, o de su ladrón. La superestructura es el complejo simbólico expresivo que está produciendo todo el tiempo la base económica.

Los objetos artísticos fueron desde siempre doblemente expresivos, tuvieron dos precios simultáneos. En la articulación de las dos expresiones, se significaban a sí mismos como objetos preciosos, como precio o sentido puros. La novedad que aportan los tiempos modernos es que esa función significativa empiezan a realizarla también, y quizá sobre todo, los objetos industriales.

Es el concepto de objeto el que se precisa: lo objetivo. El artista, al que el complejo de lo moderno pone en trance de subjetivación violenta, está mejor situado que el resto de sus contemporáneos para apreciar estas cualidades: la perfección objetiva, la exterioridad, el acabado no orgánico. El joven Rubén Darío puso a actuar las armas de la poesía en la persecución de este acabado moderno, el lustre de los objetos industriales que podía desear la burguesía de su época. En su misma persona hay una objetivación: algún biógrafo observa, y es evidente por las fotografías, que desde su estancia en Chile a los veinte años Darío abandonó el desaliño bohemio del poeta para adoptar el atildamiento burgués impersonal, que conservó cualesquiera fueran sus fluctuaciones económicas. En cierto modo, se trata de volverse objeto uno mismo, incorporarse las virtudes del objeto, como supremo recurso de la subjetivación.

Y esos objetos, en el caso de Darío, no son necesariamente afrancesados. La moda puede fluctuar, a lo hispánico, lo americanista, lo medieval, lo norteamericano... Y Darío pudo moverse a través de todos estos registros. De lo que se trataba era de hacer objetos que pudieran satisfacer una demanda.

Ahora bien, ¿cómo hacer esos objetos? ¿Cómo hacer los objetos poéticos de la modernidad? ¿Cómo los hizo Darío? Creo que una vía de respuesta sería examinar la curiosa dialéctica prosa-verso, tal como se dio a partir de Baudelaire.

Si bien no fue el inventor del poema en prosa, Baudelaire fue el primer poeta en el que la prosa y el verso funcionaron como piezas de un mecanismo único. En ese mecanismo se realiza el pasaje de sentido y sonido, de forma y contenido, en una dialéctica de la que no hemos salido, o quizás estamos en el momento de salir, inesperadamente.

Esa dialéctica prosa-verso, esa máquina de transformaciones, es lo que llamamos poesía moderna, y eso fue lo que inventó Baudelaire. En el momento justo en que la poesía se había vuelto imposible, o anacrónica, en que imaginación y realidad ya no podían seguir operando en conjunto y parecía necesario optar por una o por otra, el pasaje que inventó Baudelaire tuvo por mediador esa reversibilidad de la prosa y el verso, que es la poesía moderna, la poesía de las ciudades. Su genio estuvo en advertir que se necesitaba una solución simbólica. Sus discípulos, sus tres grandes discípulos, Mallarmé, Rimbaud y Lautréamont, pero también su descendencia en general, y en ella hay que incluir a Rubén Darío, hicieron toda clase de variaciones sobre la reversibilidad prosa-verso. Esas variaciones terminaron siendo la veta principal de la poesía del siglo XX.

Daré un solo ejemplo, que viene a cuento de la creación dariana de los objetos poéticos. Es el que ilustran "La Déclaration Foraine", de Mallarmé, y la "Alquimia del Verbo", de Rimbaud. Se trata de textos en prosa intercalados con poemas en verso. El formato tiene antecedentes antiguos, medievales, renacentistas (como la pastoral) y posteriores, pero el modelo de su funcionamiento es más exótico: los diarios de viaje de los poetas japoneses. La página, en prosa, cuenta una salida, al bosque, a la montaña, un trayecto en bote, una conversación con algún anfitrión ceremonioso y cortés... "Y entonces escribí este poema". Y siguen las dos o tres líneas, una decena de palabras, las sílabas bien contadas, el árbol, la mariposa, la rana, la cascada... El poema sucede como un relámpago, un relámpago incomprensible sin la explicación en prosa que lo envuelve, pero el poema sigue siendo incomprensible, porque su esencia es la lectura perpleja que haremos de él en alguna antología. El sentido en la poesía es apenas un *gadget* provisorio que se usa en el momento de escribirla. No estaba antes, ni está después, y su autodestrucción es la razón de ser de la poesía. Este papel instrumental del sentido marca la división interior al discurso entre el tiempo y el instante. La prosa narrativa del diario, al hacer el discurso paradójico de lo instantáneo, al poner en el transcurrir exterior la duración psíquica de la inspiración o el talento, produce un desprendimiento del sujeto. El poeta deja de existir al hacerse cristalino, al revelar su secreto. Si la prosa es exhaustiva (y por su naturaleza tiende a serlo) el lector se volverá el poeta, podrá volver a armar la circunstancia en que el poeta llegó a serlo, exactamente como pasó en la realidad, y ese rearmado hará el mismo poema que tiene ante los ojos, que vuelve a escribirse ante sus ojos, y es él quien lo escribe. Así se realiza la utopía que inscribió Lautréamont en el umbral de la modernidad: "La poesía será hecha por todos, no por uno".

    La poesía, es decir, la prosa. Porque de lo que se trata es de poner en marcha el juego de su transformación. Lautréamont titula *Poesías* a sus ejercicios de *ready-made* modificados con la prosa de los moralistas franceses. Rimbaud inventa el verso libre, y consuma en las *Iluminaciones* el diario hiperjaponés de las inspiraciones del verso en prosa. Mallarmé abandona el verso a los veintiún años para practicar una peculiar prosa despojada programáticamente del verbo "ser" (el verbo de la prosa), y para volver en su madurez a una versificación que él llamó "de naufragio" y que es en realidad de rompecabezas, que solo se recompone mediante la prosa exegética (los fragmentos del naufragio del verso flotan en la superficie del mar de la prosa). Uno de sus más perfectos *tours de force* se titula precisamente "Prosa", en alusión solo secundaria al sentido litúrgico de la palabra, como sucederá con las *Prosas profanas*, de Darío.

Esta "Prosa" de Mallarmé está dedicada a Des Esseintes, el personaje de Huysmans de quien Darío, que usó su nombre como seudónimo, dijo que era "el tipo finisecular del cerebral y el quintaesenciado, el manojo de nervios que vive enfermo por obra de la prosa de su tiempo". La "prosa de su tiempo" es una expresión que me hace soñar, más allá del sentido metafórico evidente que tiene aquí, algo así como "la fealdad pedestre o prosaica de la época". Porque en el sistema de raíz baudeleriana, la prosa es tiempo, discurso extenso, en contraste con la anulación del tiempo en el verso por acción del ritmo y las repeticiones de la rima. Pero con el posesivo, "*su* tiempo", emerge el sujeto, al que el tiempo le es ajeno y al que el tiempo no puede sino enfermar y neurotizar.

El último avatar de estos juegos, en la línea iniciada por Baudelaire, es el procedimiento de Raymond Roussel, que cierra el círculo abierto por los japoneses en una perfecta inversión, porque usa el verso (la rima, específicamente) para escribir prosa. La enseñanza última y póstuma de Roussel es que, dominando la versificación, "la novela podrá ser hecha por todos, no por uno". Pero esto pasará mucho después: de hecho, todavía está por pasar.

La infancia de Rubén Darío fue un prolongado juego de niño versificador. Un juego pueblerino, vacuo, ocioso, que no podía detenerse nunca porque la idea era probarlo todo. El camino de la prosa en él fue exhaustivo. Por eso tuvo que empezar temprano, y tuvo que ser un niño prodigio.

Veamos uno de estos juegos. A los trece años, en el colegio de jesuitas, sus condiscípulos lo ponen a prueba con los llamados *bouts-rimés*. Era un ejercicio que estaba de moda en la época y consistía en dar un puñado de palabras rimadas y hacer un poema con ellas. Cuanto más incoherentes fueran esas palabras, más debía esforzarse el ingenio. Los niños amigos de Darío recurren a nombres de próceres, y palabras que rimen con ellos, por ejemplo Bello, sello, San Martín, retintín. Sale esto:

El inmortal Andrés Bello
estaba poniendo un sello
a una carta a San Martín,
y dijo con retintín...

Por supuesto, para Darío es fácil, demasiado fácil. La dificultad vendrá mucho después, y no vendrá por sí sola, tendrá que inventarla, o podrá inventarla, solo cuando todos estos juegos se hayan agotado, y la encuentre al otro lado de la prosa. Aun así, es posible ver en este tipo de juegos la protomecánica de los objetos poéticos. El verso no se hace sin ripios; el verso sin ripios es prosa. El juego de los *bouts-rimés* invierte este procedimiento, al poner el ripio por delante, y construir sobre él la prosa inmanente del verso, su discurso. Esto es algo bastante definitivo, y en general puede verse que todos los poetas que abandonaron el verso después de su adolescencia se detuvieron aquí. Es el caso de Valéry, que proponía una función de *bouts-*

rimés para la versificación, y no pudo volver al verso tras atravesar la prosa.

Los amigos de Darío debían de saber que era demasiado fácil, así que pusieron una consigna extra: que el poema fuera contra los jesuitas. Otras de las rimas con próceres eran Bolívar (esta es una rima rara, y por supuesto se les ocurrieron dos), acíbar, almíbar, Olmedo, enredo. El resultado:

¿Qué es el jesuita? —Bolívar
preguntó una vez a Olmedo—.
Es el crimen, el enredo,
es el que le da al pueblo acíbar
envuelto en sabroso almíbar.

Uno podría preguntarse: ¿qué tienen que ver los jesuitas con estos formalismos de salón? Nada, y todo. No importa que el alumno Darío componga para la ceremonia de fin de curso un exuberante elogio rimado a la Compañía de Jesús y a Loyola (podría haber puesto en verso los *Ejercicios espirituales*, es asombroso que no lo haya hecho, ya que estaba). El pro y el contra son intrínsecos al discurso: la realidad es ambivalente, o indiferente, como lo serán los objetos poéticos, el realismo particular de Rubén Darío.

La realidad entrará por la vía de la necesidad. Y la inmanencia de la necesidad le da la versificación, la "sonora rosa métrica", que fue la "rosa mística" de Rubén Darío, su rosa alquímica. El ripio se vuelve oro, y el oro envuelve y transfigura el discurso, volviéndolo procedimiento de autogeneración.

Darío se encontró con la prosa en Chile, donde por primera vez en sus viajes vivió y trabajó en un ambiente moderno. Es cierto que ya había estado en Europa y en los Estados Unidos, pero la chilena fue la primera sociedad americana que conoció donde una burguesía civilizada, europeizada, podía organizar su vida cotidiana en el goce de los beneficios de la modernidad. Los testimonios de ese período lo muestran impresionado sobre todo con los interiores: muebles, cortinados, alfombras, bibliotecas, cuadros, estatuas. "Les meubles luisants, polis par les ans...". Ya no es un museo o la visión fugaz del invitado, sino el proyecto de instalarse ahí de por vida. Los años que pulen esos interiores no son tanto los del pasado como los del porvenir. Para un americano, es la modernidad la que tiene que ir a Mahoma. Y una vez que ha cruzado el océano, no se comporta como montaña sino como prosa del tiempo.

Para Hegel la poesía se ubicaba en el plano de lo individual, del "uno por uno". De ahí que su elemento propio sea la metáfora, que solo usa lo general como medio para resaltar lo individual. Después, en la filogenia de la humanidad, viene la prosa, que se basa en la metonimia, y por ello se dirige a la comprensión, al ligar a los objetos individuales en contigüidades causales. El tercer término es la especulación filosófica, *aufhebung* de prosa y verso, que recupera la captación de lo particular en un nivel superior, ya asimiladas y superadas las enseñanzas de la prosa.

Darío practicaba y dominaba la prosa desde antes de su llegada a Chile. Pero es en Chile donde se le hace evidente el encadenamiento causal de los objetos en la sociedad de consumo, ese encadenamiento que vuelve a los objetos deseables. Es el deseo mismo el que se hace real, y a esta realidad responde su prosa. Deja atrás la información, la explicación, la descripción, en favor de un discurso nuevo que mima las contigüidades de la propiedad de los objetos, volviéndose objeto él mismo. Es una mímesis de la mímesis. Mímesis de lo real de la realidad. En el mundo de réplicas que es la modernidad, la representación tiende al objeto. Lo único que dice la nueva prosa de Darío, la prosa modernista de *Azul...*, lo único que informa, que explica, que describe, es el deseo. Más aún, el deseo del deseo, o el deseo del dinero. En la sociedad de consumo, el dinero es la contigüidad definitiva de los objetos. Es una simplificación, un factoreo de la representación.

El alcohol en cambio es un distanciamiento. Contrapesa la violencia subjetivante de un deseo loco. El de Darío debió de ser un alcoholismo de la sobriedad. Es sugestivo que toda su obra de Buenos Aires, con su transparencia perfecta, haya sido escrita en un permanente estado de enfermedad: crisis alcohólica, depresión, manía. Hay algo de puesta en escena trascendental en esto. Lo subjetivo y lo objetivo se encuentran en el teatro del absurdo del cuerpo. El sentido de la obra, y el de la vida, tienen su punto de origen en este sinsentido. El desprendimiento de la obra proyecta al autor hacia atrás, como el retroceso de un arma de fuego, lo arroja al tiempo, donde no le queda más que envejecer y morir. Las estrategias de autodestrucción, tan penosas en general, son indispensables para invertir esta secuencia. La enfermedad provocada (y vale la pena notar que en todos sus textos autobiográficos Darío relaciona el alcoholismo con el sexo) pone un freno a algo que, como la versificación, siempre está en peligro de empezar a funcionar demasiado bien.

Pero en Chile a Darío le faltan tres años para llegar a Buenos Aires, donde realizará al fin los objetos poéticos y culminarán sus años de peregrinaje. Su avance hacia sociedades más desarrolladas, más modernas, marca su avance en la dialéctica verso-prosa-objeto poético. Lo moderno de las sociedades está dado por la desterritorialización de las jerarquías sociales en un entramado causal. La economía de mercado es la prosa plena, con las determinaciones puestas en estado inmanente. Lo que encuentra Darío en Buenos Aires es una sociedad, podría decirse, "abstracta", casi sin restos telúricos o coloniales: la sociedad del dinero. El objeto poético es la reproducción lingüística de la mercancía del capitalismo avanzado en el instante previo a su reificación, cuando todavía es deseo puro.

Hay pasajes famosos en su prosa chilena (por ejemplo los "cuatro coleópteros de petos dorados") donde se diría que el objeto poético ya está constituido. Pero falta la mecánica que los haga necesarios internamente, que los independice de toda tematización (los "coleópteros" todavía están transportando a la Reina de los Sueños, a la inspiración, a una psicología que sigue siendo biográfica) y será la versificación la que pondrá en marcha ese mecanismo de objetivación. El mito de la juventud de Rubén Darío se hará real, en los objetos poéticos de las *Prosas profanas*, en la realidad de estos objetos, que salen del relato de su producción y se instalan en el mundo.

La palabra clave en la constitución de su primer gran libro de poemas es "armonía". Y no por las ensoñaciones sociales utópicas que Darío también pudo albergar, sino como contraseña de lo que fue revolucionario en él: la creación de un sistema subjetivoobjetivo no psicológico en el que todo se sostiene en equilibrio: producción y producto, vida y obra, realidad y poesía.

La innovación[10]

"Innovar" es un verbo defectivo, igual que "mentir", según lo probó el cretense del koan. No se dice "yo innovo". Si innovo, tendrá que decirlo otro, y en otro momento. No por modestia, sino por las posiciones relativas en que nos colocamos para hacer historia. Si innovo, es porque en definitiva innové, y no lo supe, me lo tuvieron que decir después. Borges habló de la discreción de la Historia; aquí el chiste que aporta la prueba es el del campesino normando que le dice al vecino: "¿Te enteraste? Hoy empezó la Edad Media". Más que discreción, yo diría que se trata de posiciones elocutorias, como en el caso de la innovación. Simplemente, no puedo decirlo yo, no puedo decirlo ahora, no puede decirlo un discurso sostenido por un sujeto presente. (Pasa lo mismo con la nacionalidad, que es puro repliegue discursivo: yo puedo decir "mi país es un infierno", pero no puedo admitir que me lo diga otro, como no puedo admitir que me dé la razón el que me oye decir "mi esposa es una harpía"). En la Historia, y en la innovación en particular, el tabú elocutorio recae sobre uno de los elementos constitutivos del suje-

---

10. Resumen, Guadalajara, México, 1991.

to: el tiempo. "Yo" soy un ahora; "sujeto presente" es un pleonasmo, porque el sujeto, para funcionar, debe ser una presencia; el Otro es otro momento, es un antes o un después. Ahora bien, sucede que el escritor es ya un otro. (El laberinto ambiguo de la vanidad tiene aquí su hilo de Ariadna). Para empezar a ser escritor, es otro; solo es él mismo antes, al principio, cuando quiere ser escritor: todos hemos pasado por esta etapa de querer ser escritor, querer ser Rimbaud, salvo que no pasamos del todo, conservamos ese momento toda la vida, porque este anhelo es el núcleo de nuestra individualidad original, y alimentamos el temor justificado de disolvernos en el aire si lo dejamos caer, si llegamos a creer que ya somos un escritor. El motor de esta dialéctica peligrosa es la innovación. La innovación comienza cuando el escritor reúne el valor de rechazar a los maestros que más ama, a los que está condenado a seguir amando hasta el final, no a los que puede llegar a superar o a abandonar (con estos sería demasiado fácil). Pues bien, este amor es lo que lo ha constituido, de modo que en el rechazo está negando su propia persona, el escritor que él quería llegar a ser. Reniega de sí mismo en nombre del tiempo, de una Historia discreta hasta la mudez por tabú elocutorio, con la esperanza de reencontrarse en el otro extremo, en lo que el tiempo y los otros hagan de él. El mantra del innovador es el verso de Baudelaire: "al fondo de lo desconocido, para encontrar lo nuevo". Baudelaire, en efecto, inventó lo nuevo tal como lo conocemos, y lo hizo en una operación que parece paradójica. Lo que inventó, o descubrió, fue la vejez, la decrepitud, de la civilización en la que había nacido. Para él lo nuevo es un epifenómeno de lo viejo; la innovación comienza y termina con la creación de ese aburrimiento en el que al fin podamos desear otra cosa, y no podamos no desearla. La gran invención de Baudelaire fue el hastío de lo contemporáneo. La mirada que ve en el mundo fenoménico, en el vértigo de las ciudades, en la Historia misma, reinos inmóviles de tal antigüedad que ya han herrumbrado la memoria, embotado la percepción, extenuado el gusto. El mito de lo nuevo se forma no sobre el futuro, sobre lo que está meramente mañana, o pasado mañana, porque para entonces solo se habrá acentuado la vejez de lo viejo, sino sobre una transmutación del quantum de realidad. Lo nuevo no está adelante, ni arriba, ni abajo, ni atrás, sino en otra dimensión, en lo que nosotros también, como Baudelaire, podemos llamar lo Desconocido. La llave de oro de esa dimensión es el tedio, y la ensoñación a la que el tedio nos precipita. No se accede a ella por los contenidos: objetos nuevos, ideas nuevas son apenas antigüedades "fabricadas a la vista del público", como decía Macedonio Fernández. Todas las novedades son combustible para la caldera de nuestro indecible aburrimiento. No. A lo nuevo se llega por el camino de la forma, y la forma desprendida del contenido es lo desconocido. Se innova por la pura invención de una lengua que nunca llegue a decir nada, a objetivarse en significados. El idioma de lo nuevo habla de lo ininteligible. No es un trabajo. Baudelaire dice bien: "encontrar" lo nuevo. No buscarlo. El que se ponga a buscarlo no lo encontrará nunca. A lo nuevo se lo encuentra, si es que se lo encuentra. O mejor, se lo ha encontrado. Es cierto que los artistas trabajan. Pero eso es un pasatiempo, a la espera de lo nuevo. En sus momentos de mayor aplicación suele ser, en el mejor de los casos, la creación laboriosa de una atmósfera, el clima de lo viejo, la plataforma de lanzamiento de los sueños. Se trabaja como individuo. Y lo nuevo no se entrega a los esfuerzos del artista individual. Lo nuevo es (y aquí la Historia, la historia de los hijos de Baudelaire, da con la mayor discreción un paso adelante) "lo que debe ser hecho por todos, no por uno". Lo nuevo es impersonal, intersubjetivo, inevitable. Está en el aire, o no está en ninguna parte. De otro modo es un voluntarismo, y se queda en la intención. Si algo hemos aprendido, es que el arte es la máquina de extraviar intenciones. Lo propio de la innovación es saltar las intenciones, saltar el tiempo mismo, para aparecer al otro lado de todos los proyectos, que tomados al derecho no hacen más que consumirnos la vida. Ese salto no puede darse dentro del individuo. (Lo nuevo es entonces un soporte del mito de la juventud del artista, de su triunfo sobre el tiempo). La topografía baudeleriana puede engañarnos. Cuando dice "al fondo de lo desconocido", nos hace pensar en una caída gravitatoria, en línea recta. Lautréamont lo corrige complementándolo. La línea recta, el trabajo, el destino, la persistencia en el yo solo pueden llevar al fondo de lo conocido, donde nos espera apenas un miserable reconocimiento tranquilizador. Es preciso hacer intervenir al otro, a todos los otros posibles e imposibles, en una constelación multidimensional, para que podamos ir a parar realmente a otro lugar. "La poesía debe ser hecha por todos, no por uno". Esa es la fórmula de lo nuevo. Todo lo que puede hacer "uno" es firmarlo, allí donde lo encontremos, como los *ready-made* de Duchamp. Lo nuevo es el gran *ready-made* en cuya fabricación se ha especializado nuestra civilización. Y si lo nuevo es un espejismo, según nos advierten esos alarmistas que nunca faltan, ¿qué importa? La experiencia del sediento que ve un oasis que no existe es real; no hay nada más real. Y es en esta experiencia donde se da el salto.

Nuestra semilla tropical[11]

No sé hablar, no tengo nada que decir, no me gusta hablar, pero en fin, a veces hay que hablar. Vine con mucho gusto invitado por May, por la señora Bella Jozef, y respondiendo al estímulo, al desafío de explicar, de hacer inteligible la experiencia de un escritor a un extranjero, siquiera uno tan cercano como un brasileño. El escritor está explicando su experiencia constantemente, a todo el mundo, y puede decirse en cierto modo que esa es su profesión: explicarse. Pero el modelo de explicación al que se atiene es el que le dicta su medio, sus primeros lectores, su infancia de escritor. Cuando se ve en trance de explicación ante alguien fuera de su círculo íntimo, debe renunciar a la masa de sobreentendidos que solo entonces descubre que constituían el grueso de su discurso. Es más, más dramático, debe renunciar también a los malentendidos, que tanto han hecho para mantener la paz dentro de las familias. Y sin sobreentendidos y malentendidos, ¿qué puede entenderse?

Quizás el problema no sea tal, si damos un paso atrás, hasta el presupuesto que fue el punto de partida, cual es

---

11. Exposición en la Universidad Federal de Río de Janeiro, 12 de abril de 1989.

que el que habla *es* un escritor. Hay una página muy bonita de Truman Capote que cuenta que cuando vivía en Italia tenía un cuervo. Un cuervo, en castellano, *corvo*... hay palabras que me temo que... pero en fin, ustedes van a entender. Hay un cuervo; era un cuervo que ladraba y estaba convencido de que era un perro; mordía, movía la cola y Capote lo encontraba tan conmovedor... porque, decía, es como Emily Dickinson, que creía que era una poeta; o como Van Gogh, que creía que era un pintor, y de ahí es fácil concluir que todo escritor es alguien que cree que es un escritor. Dejemos la entidad seria y sólida para los sastres y los panaderos y los profesores, y al escritor dejémoslo, déjenme, en el limbo intermedio de lo que los surrealistas llamaron "la poca realidad", *le peu de realité*.

Ahora bien, por poco que se tolera al escritor en sociedad, su existencia es una creencia compartida. Basta con su nombre, y un par de datos biográficos, y ya está constituido lo que vengo llamando sonoramente "el mito personal del escritor", que, sí, suena un poco portentoso y pedantesco, pero en los hechos es bastante modesto. Quiere decir, y esto es una convicción mía con la que no pretendo evangelizar, quiero decir que en la literatura el escritor es más importante que la obra. En la literatura, subrayo, no en el mercado editorial, ni en ninguna otra parte. Y aclaro que uso la palabra "importante" por no encontrar en este momento otra más justa. La importancia no tiene nada que ver acá. En la literatura, esa es mi idea, la obra se sostiene como obra porque hay un escritor-mito, un escritor que tiene su relato biográfico, y yo casi me atrevería a decir que el escritor renunciaría a tener una obra si se asegurara de tener una buena biografía, como la de Rimbaud. Claro que Rimbaud tuvo también una obra, vaya si la tuvo, ¿pero valdría tanto para nosotros si fuera la obra de un desconocido del que no supiéramos nada?

Un caso menos portentoso, en el otro extremo del rango etario, el de Macedonio Fernández, relato del viejecillo pintoresco coloreado con palabras de Borges, entre otros, pero principalmente de Borges, detrás del cual hay una obra... en fin, hay quienes la valoran más que yo.

Aquí debo reconocer un riesgo de facilismo, que señaló Ezra Pound hablando de la "desidia crítica" de hablar de los autores como un todo, ahorrándose el trabajo de leer cada uno de sus libros. Creo que Pound lo decía a propósito de los críticos de Henry James, pero si yo fuera crítico creo que también caería en el facilismo de hablar de Henry James como un todo, en vista a los muchos miles de páginas de su obra.

En fin, todo lo anterior, el mito personal del escritor, su vida, su vida-y-obra, que no es lo mismo que su obra, su figura dibujándose en contraste con sus contemporáneos y sus predecesores, todo eso sucede puertas adentro de su país, y su lengua y la micropolítica o "política de comité" en la que ha escrito. Pero su obra puede cruzar la frontera, y si lo hace lo hace sola, o en todo caso con el escritor a la zaga, allá atrás, remoloneando, a su biografía no le gusta viajar, como que está hecha de la materia que constituye su lugar de origen.

No sé si estoy usando esta extranjería como símbolo, no en el sentido literal, porque también hay "extranjeros" internos en el sentido de lectores que solo se interesan en el producto por el que pagan, en dinero y en tiempo de lectura, y no quieren que se les moleste con chismes sobre la vida del autor. De acuerdo, pero también está el extranjero literal.

Mi experiencia con lectores extranjeros es muy limitada, se han traducido muy pocos libros míos, y las lecturas han venido del ambiente académico, no de lectores de verdad. Hace poco me escribieron unos estudiantes alemanes, diciendo que encontraban una semejanza entre mi novela *Ema, la cautiva* y *El corazón de las tinieblas*, de Conrad. Debería sentirme halagado del acercamiento, pese a que Conrad, cuyas novelas oscuras y deprimentes he leído obedeciendo a ese impulso masoquista instalado en los jóvenes a los que se convenció de la importancia de ser cultos, en fin, no es mi taza de té. En esa novela corta de Conrad hay un personaje que se interna en la selva, lo mismo que en mi novela la protagonista se interna en la pampa entonces desierta y salvaje. Ahí se termina el parecido, y revela los límites de una lectura que desde tan lejos no ve quién la escribió. Contenidismo, sacar del libro el argumento como un cirujano puede extraer un órgano de un cuerpo, para reemplazarlo por otro.

Recuerdo un episodio en los diarios de Ernst Jünger. Cuando estaba en París, como alto oficial de las fuerzas de ocupación alemanas, recibió la noticia de que su mujer y sus hijos habían muerto en un bombardeo en Alemania. Ese mismo día fue a hacerse mostrar el cuadro del aduanero Rousseau, *La Guerra*, el de la mujer a caballo saltando sobre un campo de cadáveres, entonces en manos privadas, un cuadro en el que se ha notado su atmósfera mexicana, y esa noche Jünger escribió en su diario esta frase: "Es posible que las raíces de nuestra angustia estén en semillas tropicales traídas a climas fríos".

El personaje de Conrad va a los trópicos a buscar las semillas del horror para llevarlas al frío de Londres, y componer, en la prosa torturada que le es característica, la novela de la angustia y la culpa colonialista. Conmigo, la perspectiva se invierte, nosotros estamos en los trópicos, no tuvimos que ir a buscar semillas a ninguna parte porque estamos donde ya se abrió la flor. América es una plenitud, una flor abierta en su máximo de apertura. Esas flores de la angustia europea somos nosotros, pero vistos en el espejo al revés, la forma de una felicidad que puede ser terrible. Esto es asimétrico, porque nosotros sí podemos captar el mito de un escritor europeo, porque un escritor europeo hace el camino normal, va desde la semilla a la flor, mientras que lo nuestro es una plenitud instantánea y eso es infranqueable, esa barrera del tiempo, infranqueable. El mito personal que el escritor construye para salir del tiempo está hecho de tiempo, y al tiempo lo que le da peso son las angustias y las felicidades. Y en América el tiempo se presenta en la forma de una flor que no necesitó hacer el camino desde la semilla; es la flor, el instante, el instante de Fausto, o el instante de Nietzsche...

Por eso, con todo respeto, se equivoca Cecilia Meireles cuando dice que Cruz e Souza es el poeta del dolor. Eso para mí es un grave error, una grave incomprensión de Cecilia. Cruz e Souza ha sido llamado el Baudelaire americano, lo que, aun admitiendo su extraordinaria calidad de poeta, es una exageración. Baudelaire fundó la poesía moderna llevando a Europa una semilla de angustia que él recogió en su viaje de adolescencia al Índico, a las islas Mauricio. A los diecinueve años se detuvo en las islas Mauricio, se escapó de la tutela del padre (su padre biológico era un cura) y del padrastro, un militar. Entonces, a los dieicinueve años, en esos que son sus primeros grandes poemas a una dama criolla, a una dama *creole*, sobre todo en el hermoso poema donde ya está todo Baudelaire, él lleva a Europa una cosa inédita, nueva, que funda todo un mundo poético. Llevó a Europa la sensualidad tropical, la languidez tropical, y en París esa languidez y esa sensualidad no podían sino transformarse en angustia. Y en el poema "La chevelure", por ejemplo, él lleva a Europa a la negra, la negritud, a la mujer que a partir de Baudelaire va a encarnar el erotismo contemporáneo. Pero Cruz e Souza era negro y más todavía, como tantos poetas brasileños, con ese fondo maravilloso de femineidad, hecho del dolor y de la humillación de ser un esclavo, de ser un negro, de haberlo sido, lo feminizaba, lo hacía una mujer, era la negritud que no tuvo necesidad de realizarse literariamente yendo a Europa, sino que surgió como una plenitud instantánea en América.

A diferencia de la poeta católica Meireles, yo diría que Cruz e Souza es el poeta de la felicidad. En América, la transmutación se da, esa transmutación que nos hemos acostumbrado a leer en escritores europeos como un tránsito temporal de la semilla a la flor, se da acá como una instantaneidad, un paisaje que aparece todo de pronto. Es como en el cuento "O recado do morro", que ha sido tan importante para mí, Guimarães Rosa, no necesito aclararlo. Ese cuento me hizo escritor en la medida en que quería serlo. La montaña le lanza un mensaje de advertencia al protagonista: alguien querrá matarlo, alguien lo está esperando para matarlo. Pero una pequeña desviación inicial, un cambio de unos grados en la dirección, lanza al mensaje en una inmensa travesía que recorre toda la sociedad, y el mensaje va encontrando sus destinatarios, todos ellos erróneos, pero todos ellos justos. Va entrando en la conciencia de todos esos locos, idiotas, tontos y extravagantes que lo reciben de un modo innecesario, redundante, porque en la conciencia de todos ellos ese mensaje ya está, y va formando algo así como los nichos adaptados a la recepción, como se dice en la ecología... El mensaje lo único que hace es actualizar la plenitud de la lengua en ese inmenso paisaje brasileño. La clave del cuento está en que cuando el mensaje, el recado, llega al final a Pedro Orósio, a su destinatario, se descubre que era innecesario porque Pedro Orósio *era* la montaña. Como al final de *La caza del Snark*, de Lewis Carrol... Pedro Orósio era la montaña. Esa luz de felicidad que hay en la obra de Guimarães Rosa, y que a mí me ha atraído tanto desde hace tantos años, es un efecto de esa coincidencia y redundancia, él es el poeta de la coincidencia y de la redundancia.

América en ese sentido es un *ready-made* literario, literatura ya hecha. Sobre los viajeros del siglo XVII, alemanes, ingleses, franceses, que venían acá y escribían sus informes, a los historiadores les ha llamado la atención el hecho de que en esos informes, en esas memorias de viajes, hubiera tantos disparates, animales con tres cabezas, serpientes que escupían fuego... y el estado de la ciencia de la época (siglos XVI, XVII, XVIII) no justificaba semejantes dislates. Ahora los historiadores han propuesto la hipótesis muy seductora de que todas esas memorias y todos esos informes eran en realidad mensajes cifrados, de utilidad estratégica, política, militar. Por ejemplo, si uno contaba que en la margen izquierda del río X había una bestia con tres cabezas, eso se podía decodificar en el sentido de que había tres fortalezas, o si hablaban de una flor que se encendía de noche podía tratarse de un ataque nocturno. Ahora bien, un mensaje cifrado se descifra y se anula, queda su traducción prosaica y funcional y se descarta el ropaje metafórico, como decir que queda el contenido, y la forma se tira al cesto de los papeles. Salvo que en este caso no se anula, o no se anula del todo. Queda como un residuo de la metáfora y eso es, a mi juicio, América; esa es la gran plenitud de una metáfora. Ahora tengo que aclarar que no cité "O recado do morro" como un ejemplo, no es un ejemplo de esto o de lo otro, no es una alegoría; la obra de arte nunca es una alegoría y cuando el escritor crea su mito personal lo primero que tiene en vista es escapar de esa lógica del ejemplo. Por eso un extranjero que no conoce el mito del escritor, y solo conoce la obra, no tiene más remedio que considerar la obra como ejemplo, como ejemplo de esto o de lo otro, ejemplo de características psicológicas o de características nacionales.

Cuando hablo del Brasil no puedo sino hablar de una ensoñación, de mi Brasil particular. De esa impresión totalmente errónea de la primera vez en un lugar al que uno acaba de llegar. Le pasó a Eisenstein cuando fue a México. El primer día en la ciudad de México salió a la calle y vio a una elegante joven llevando de la correa un armadillo. Esa noche escribió una carta a su familia en Moscú: "Aquí las señoras cuando salen de paseo no llevan un perrito con ellas sino un armadillo". Por supuesto que esa dama y ese armadillo eran un fenómeno singular y único en toda la historia de México, quizás una broma, quizás una apuesta, quién sabe. Pero todos los viajeros hemos cometido errores parecidos. Yo me quedé en mi primera impresión errónea del Brasil, me sentí justificado por haber leído mucho de la mejor literatura brasileña. Además, las impresiones no son pasibles de error. Son impresiones. La acuarela de Brasil. Y de ahí a imaginarme que para los brasileños es lo mismo no hay más que un paso, el país es demasiado radiante para no ser ajeno, de ahí que el amor del brasileño por el Brasil se expresa como un deslumbramiento, una perplejidad, un balbuceo. Quiero decir, hay impresión y expresión, como cuando se respira, y el estilo en que se inhala un país es el impresionismo de los colores y las atmósferas, lo que hace que el expresionismo correspondiente busque sus formas a ciegas. Es como cuando Stendhal llega a Milán y se deslumbra con Italia, ese país tan grande, tan feliz, tan maravilloso, no tiene palabras y entonces balbucea y abusa de los puntos suspensivos y declara "La beauté n'est que la promesse du bonheur". Así es el Brasil, *a beleza pura*... Ahora bien, cuando uno no encuentra las palabras, cuando el discurso no sirve, no tiene más remedio que buscar, que iniciar el camino de todo escritor, que es el de buscar las formas alternativas, o sea, el estilo, y la busca del estilo en el Brasil es la busca de la *muiraquitã* en *Macunaíma*, la piedra filosofal del estilo; el que la tenga va a poder trascender el discurso y decir lo hermoso que es el Brasil. Ahí está la gran diferencia entre ustedes y nosotros. El Brasil es el morro que habla, el país que se expresa a sí mismo, en el que solo hay que buscar el estilo, esa gran voz que surge de la tierra.

La Argentina en cambio no habla, no porque no tenga nada que decir sino porque es una pura pantalla proyectiva sobre el desierto. El país de la representación, "la gran llanura de los chistes". Si me permiten, querría ilustrarlo con una anécdota personal. Hace unos meses, en diciembre, vine a Río de vacaciones. Me alojaba en un hotel de Copacabana y todos los días por la ventana de mi cuarto miraba el Pan de Azúcar. He venido muchas veces a Río pero esta vez esa montaña, ese morro, parecía estar amenazándome con decirme algo, lanzando un mensaje, el famoso recado do morro, pero no decía nada, por cierto; era como una fascinación, yo lo veía a la mañana, a la tarde, a la noche también, porque lo iluminaban de noche, por si yo tenía insomnio. Así las cosas, me puse a pensar. ¿Por qué estaba yo ahí? ¿Qué había venido a buscar? El objeto de estas vacaciones era levantarme un poco el ánimo. Había sido un año muy triste, por la muerte de mi padre, había pasado mucho tiempo acompañando a mi madre, sola y deprimida, en fin, un año malo. Pero en el sistema argentino una cosa siempre representa otra. La muerte de mi padre me había hecho revivir todo el dolor y la culpa que sentía por la muerte prematura e inesperada de mi amigo Osvaldo Lamborghini, hace muy pocos años. Y resulta que el Brasil era uno de los pocos puntos en que no coincidíamos. Cuando yo volvía de un viaje y hacía el elogio del país de la felicidad... aunque con el tiempo aprendí a callarme... Osvaldo me tachaba de frívolo, me recordaba que la mayoría de esa gente hermosa en las playas no tenía una representación gremial adecuada como la argentina. Todo volvía siempre a lo mismo, a la representación. Pues bien, antes de venir en diciembre a sostener esas conversaciones con el Pan de Azúcar, unos días antes, cuando ya tenía los pasajes comprados y la reserva del hotel hecha, me enfermé, tuve una infección en el codo, una cosa bastante rara que se llama flemón de antebrazo, parece algo que hubiera inventado para mi uso personal. Es una acumulación de tejido muerto, como tener una piedra bajo la piel, pero actúa de un modo maligno y produce fiebre: estuve una semana con alucinaciones, y no bien pasaron vine al Brasil. Creo que el caso ilustra el sistema argentino de un escritor. A mí el morro no me podía hablar como a Pedro Orósio en el cuento de Guimarães, porque a los argentinos las montañas no nos hablan, las tenemos incorporadas al modo de la representación.

El otro modo de explicarse es hacerlo, podría decirse, "por afuera". Describiendo todo lo que rodea a un objeto, los bordes de lo ajeno dibujarán su contorno. Y como lo que rodea a un escritor es la literatura en la que se ha formado, o a la que pertenece por elección o fatalidad, un buen registro de gustos y disgustos personales en esa literatura dibujarán un perfil bastante preciso del escritor en cuestión. Dicho lo cual, y reconociendo que suena convincente, debo decir que no creo poder hacerlo. Por un lado, las preferencias de un escritor no siempre tienen que ver con lo que escribe, ya que esas preferencias se ejercitan sobre la lectura, y la escritura está en otra dimensión, en otro registro mental. Además, hay una importante barrera de prudencia. Por ejemplo, uno puede admirar fervientemente a Borges, pero al escribir tomará toda clase de precauciones para que no le salga parecido a Borges, o hará el ridículo.

Pero hay más. En el siglo XIX, más allá de unos pocos pastiches de romanticismo y el muy sobrevalorado Sarmiento, lo único valioso y original en la literatura argentina fue la gauchesca, que habría que nombrar rioplatense más que argentina, por el aporte uruguayo. Sobresale el *Martín Fierro*, verdadero milagro, casi inexplicable, y alrededor algunas *trouvailles* humorísticas y gauchipolíticas. Como observó Borges, y no se necesitaba un Borges para notarlo, la poesía gauchesca no la escribieron los gauchos, sino señores de la ciudad, pertenecientes a una clase en formación que pronto estaría hablando en francés y escribiendo desenvueltas *causeries*. En fin, a eso me refería al desconfiar de la capacidad de la literatura de mi país para dibujar en hueco el perfil de un escritor como yo: un cosmopolitismo de buena o mala aleación, que funciona como tradición y contexto.

Quizás exagero al calificar de milagro al *Martín Fierro*. Quizás no tanto, ya que la literatura está llena de milagros. Lo llamamos "poema", el poema nacional, justificado porque, quien más quien menos, todos sabemos un par de versos de memoria. También se lo puede ver como una novela en verso, como el *Eugenio Oneguin*, de Pushkin, o el *Don Juan*, de Byron, salvo que no tiene humor, es más bien lacrimoso y nostálgico. Martín Fierro es el fantasma que recorre la pampa y cruza en un sentido y en otro la frontera de la resignación de ser pobre y maltratado. Y extinguirse, ya que está.

El cosmopolitismo se encarnó en los escritores de la llamada Generación del 80, de la que Mansilla es cabal representante, autor de *Una excursión a los indios ranqueles*, el caballero afrancesado de visita entre los salvajes. Más cosmopolita que eso, imposible. O posible, si recordamos que sus últimos años, en París, los pasó en la camarilla de Montesquiou y Proust. Ese plexo cosmopolita culmina en la pléyade alrededor de la revista *Sur*. Sin pertenecer físicamente a ella, Cortázar comparte gustos y gestos, y tuvo una cuantiosa influencia, a mi juicio bastante nefasta por facilista, esos cuentos bien torneados que cualquiera puede escribir con un poco de esfuerzo. Una plaga los cuentos, lo único peor son los decálogos de cómo escribir cuentos. No obstante, hay que reconocer que los hubo buenos, los de Cortázar sin ir más lejos, o Silvina Ocampo, y por supuesto Borges.

Borges se inventó un precursor y maestro, Macedonio Fernández. Mi amigo Osvaldo Lamborghini encontraba admirable la maniobra macedoniana de escribir al mismo tiempo la última novela mala y la primera novela buena, "y a veces se le mezclaban las páginas". Yo aprobaba, pero me he vuelto más bien escéptico frente a esas pruebas de ingenio, que de lejos se ven ingenuas. La última novela mala es *Adriana Buenos Aires*, que es una especie de desmayada parodia de Arlt, y la primera novela buena es una recopilación de prólogos, se llama *Museo de la novela de la Eterna*, los prólogos para una futura novela que no se escribe. Todo eso se publicó en forma póstuma, y es más leyenda que lectura.

Y Arlt, ya que lo mencioné, el padre de la novela en la literatura argentina, padre adolescente, porque dejó de escribir novelas a los treinta años, pasó a escribir teatro, pero sus cuatro novelas hacen toda una parábola de aprendizaje y agotamiento, meteórico. El gran escritor que escribe mal, alguien lo dijo y muchos lo repitieron, aunque, o porque, es totalmente infundado, ya que escribe perfectamente bien, como todo buen escritor, y él fue de los mejores.

En fin, todo esto para decir que mis lecturas argentinas vinieron a la zaga de las lecturas de formación, francesas principalmente, Rimbaud, Lautréamont, los surrealistas, y también Eliot, Pound... No soy una excepción. La lectura de literatura nacional, si no es por obligación escolar o elección académica, es por hacer algo distinto o por exceso de curiosidad. El placer de la lectura lo vamos a buscar lejos, y encontramos en Borges, que es todo lo que puede esperarse del placer de la lectura, la excusa para ir siempre un poco más lejos en nuestros gustos. (A propósito de esta intrincación de lejanías y cercanías en el cosmopolitismo, hay una curiosidad de la que nos jactamos, y es la existencia de autores que reivindicamos aunque no son argentinos o no escriben en castellano o ambas cosas, como es el caso de Gombrowicz, o Hudson, de cuya *The purple land* dijo Borges que era la mejor novela argentina, uno escribiendo en polaco, el otro en inglés. Y habría que agregar a Copi, argentino de nacimiento y modales, pero autor francés).

Quiero aclarar que ese "extranjero" del que hablé era una metáfora. Me refería al lector que busca el placer de la lectura en el texto, y no se preocupa ni poco ni mucho por el autor. Hasta puede encontrar molesto que le den datos del autor, considerarlo una irrupción improcedente, como si eso tuviera alguna importancia, dice, saber si es gordo o flaco o borracho o lituano... Así se comporta la mayoría de los lectores, la inmensa mayoría (de esa minoría que son los que leen), y la industria editorial les está muy agradecida. Metafóricamente, entonces, son los extranjeros a la literatura. Porque en la literatura, en el ámbito minúsculo y elitista del arte de la palabra, un libro siempre es el libro y el autor. Ahí los valores se invierten, el texto deja de importar tanto, es la apoyatura, la justificación, del autor. En otra ocasión lo ejemplifiqué con el famoso relato de Kafka, *La metamorfosis*, que ahora se traduce más correctamente como *La transformación*. El "extranjero" puede leerla y disfrutarla, si es adepto a temáticas tenebrosas, como una historia magistralmente contada, un tanto deprimente y hasta algo asquerosa, con esa manzana podrida incrustada en el lomo, pero, en fin, una lectura que vale la pena, sin saber nada de Kafka, o sabiendo lo que dice de él la solapa del libro. De hecho, para lo que a este lector le importa podría haberlo escrito cualquiera, o ser anónimo, o producto de un grupo de bromistas dominicales, o de una máquina pensante... El lector literario, el que soy yo o ustedes, el *insider*, va a encontrar en esas páginas a Kafka, y a su terrible padre, a la madre no menos terrible, a la hermana Otla, al departamento de la familia, a sus neurosis, a Felice, a los ruidos que le impedían escribir, a su condición de judío, de abogado, de burócrata... De acuerdo, no hablemos de "entender", hablemos simplemente de leer.